珈琲のことば

木版画で味わう90人の名言

箕輪邦雄

平凡社

はじめに

1683年オスマン・トルコ帝国の大遠征軍はマジャール平原を通過して、なお過酷な進軍を強いられていた。目指すはヨーロッパの名門、ハプスブルグ家の統治するオーストリアの首都、ウィーンの攻略である。両軍必死の攻防はあっけない幕切れで終わり、――ウィーン城内のポーランド兵士・コルシッキーが、包囲網をかいくぐり、援軍を求めたのである――トルコ軍は敗退した。

膨大な遺留品の中に大量の豆が放置されていた。コルシッキーはトルコ流に“豆からコーヒーをつくる”ことができた。ウィーンのカフェ店のはじまりである。コーヒーはこれより以前に、イギリス、イタリア、フランスなどでも飲まれていたが、生活に深く根ざしたものとはいえない程度だった。トルコは国策として豆を商品化、輸出を統制し、さらに飲料にいたるまでの演出まで行っていた。

コーヒーという飲料の不思議さは“夜明けの媒体《コーヒー》”になり得た特性であった。実際、各人各国のそれぞれで社会事情を背負って論議を戦わせ、異論激論口論の果てに導き出された世界――産業や宗教、哲学、科学、文化、芸術という人間生活をいきいきとさせた改革にはコーヒーの媒介が必要だった。

紅茶、緑茶、珈琲という飲みもの、ごく日常的に親しんでいる食品が、これほどまでに生活に、信条にかかわり合っていることの歴史的事情に驚かされます。今日では街中《まちなか》や駅中《えきなか》、田舎中《いなか》のどこを歩いても、寄ってみたいところがあります。その中にはきまってカフェがあったりします。カフェは老舗《しにせ》であっても新しい店であっても、地域コミュニティの雰囲気を負っています。カフェは洋の東西を問わず、それぞれの国の歴史を背負い、学問や思想・芸術という文化を今日に伝えています。

ここで取り上げた文は古今の多方面からコーヒーを媒介して吐露された金言を木版で摺《す》って表してみたものです。

目次

2 はじめに

8 詠み人しらず
9 レオンハルト・ラウヴォルフ医
10 ロバート・バートン
11 イギリス清教徒
12 コーヒーとコーヒー・ハウスを讃える詩
13 天文学者フィリップ・スタッブズ
14 ウィリアム・ハーヴェイ
15 モンテスキュー
16 マーク・ヘルプリン
17 ジョナサン・スウィフト
18 エドマンド・ウォラー
20 ヴォルテール
22 ベンジャミン・モズリー
23 ベートーヴェンとコーヒー
24 アイザック・ディズレーリ
26 小林章夫
28 カール・マルクス
32 オノレ・ド・バルザック
34 アメリカの測量技師
35 R.K.ビーチャム大尉
36 ジュール・ミシュレ
38 ジョン・ビリングズ
40 渋沢栄一
41 夏目漱石
42 川路柳虹
44 五人句会（新居格　室生犀星
萩原朔太郎　丸山薫　田中冬二）
45 プレスコット
46 木下杢太郎
48 ニューヨーク・タイムズ
49 流行歌
52 エリック・サティ
54 田山花袋
56 永井荷風
58 川本三郎
60 アーヴィング・バーリン
61 宮沢賢治
62 藤浦洸
63 斎藤茂吉
64 寺田寅彦
66 萩原朔太郎
68 吉井勇
69 マーガレット・ミッチェル
70 高村光太郎
72 T.S.エリオット
74 広津和郎
78 獅子文六
80 山上路夫
81 ジーン・マーティン
82 ジャック・プレヴェール
83 黒田三郎
84 内田百閒
86 梅田晴夫
88 エズラ・パウンド
89 ジョウエル、デイヴィッド、
カール・シャピラ
90 吉田健一
92 河野純一
94 柏原兵三
96 清岡卓行

97　安岡章太郎
98　大原富枝
102　宮﨑康平
104　尾崎一雄
106　小林七郎
108　耕八路
110　清水徹
112　蜷川幸雄
114　河野純一
116　井坂洋子
118　保坂和志
120　臼井隆一郎
122　ボブ・ディラン
123　山口瞳
124　高島君子
126　小松左京
130　筒井康隆
131　ボブ・ディラン
132　清水哲男
134　草森紳一
136　五木寛之
138　池内紀
140　河野純一
142　森村桂
144　常盤新平
145　阿川佐和子
146　伊藤博
147　B. A. ワインバーグ＆ボニー・K. ビーラー
148　福岡伸一
149　太田光
150　珈琲とカフェ文化の歴史
156　登場人物プロフィール
162　引用・参考文献リスト
164　あとがき

※各版画作品は原文の表現と一部異なる箇所があります。

1

この小さな実は
幸福と知恵の源だ！

ウィリアム・ハーヴェイ

詠み人しらず

おゝ、コーヒーよ。
汝はあらゆる心労を追い散
らし、学者達の渇望の的。
これこそ、
神とともにある人々の飲みもの。

アラビアの詩「コーヒーを讃えて」（1511年）

おゝ、コーヒーよ。
汝はあらゆる心労を追い散らし、学者達の渇望の的。
これこそ、神とともにある人々の飲みもの。

レオンハルト・ラウヴォルフ医

チャウベと呼ばれるとりわけおいしい飲み物があり、インクのように黒くて、病気、特に胃腸によい。人びとは朝早くから広場に出て、みなの前で恐れも気遣いもなく、できるだけ熱いものをやき物のカップでのむ。わずかずつ何度も唇に運び、座ったまま回しのみする。

『東方への旅』（1582年）より

チャウベと呼ばれるとりわけおいしい飲み物があり、インクのように黒くて、病気、特に胃腸によい。人びとは朝早くから広場に出て、みなの前で恐れも気遣いもなく、できるだけ熱いものをやき物のカップでのむ。わずかずつ何度も唇に運び、座ったまま回しのみする。

ロバート・バートン

トルコ人はコーヒーという、煤のように黒くて苦い豆の飲み物を耐えうる限り熱くして、静かに少しづつ飲む。彼らは経験上、この飲み物が消化を助け、気力を高めることを知っており、コーヒーハウスという、わが国の居酒屋やバーのごとき店に座ってコーヒーをのみながらお喋りをして暇をつぶし、愉快な気分になるのである。

『憂鬱の解剖』(第四版、1632年)より「薬」

トルコ人はコーヒーという、煤のように黒くて苦い豆の飲み物を耐えうる限り熱くして、静かに少しづつ飲む。彼らは経験上、この飲み物が消化を助け、気力を高めることを知っており、コーヒーハウスという、わが国の居酒屋やバーのごとき店に座ってコーヒーをのみながらお喋りをして暇をつぶし、愉快な気分になるのである。

イギリス清教徒

コーヒーが我らのもとに来た
このありがたい万能の飲み物
胃によく 精神を活発にし
記憶力を強め
悲しむものを快活にし
傲慢になることなく
生きる意志を目覚めさせる

「偉大なる覚醒者コーヒー」より匿名詩（1674年）

コーヒーが我らのもとに来た／このありがたい万能の飲み物／胃によく／精神を活発にし／記憶力を強め／悲しむものを快活にし／傲慢になることなく／生きる意志を目覚めさせる

コーヒーとコーヒー・ハウスを讃える詩

意見を異にする人々の熱気にむせかえる場では
言論の自由は許されてしかるべきもの
それこそがコーヒーハウス　なぜなら他のいったいどこで
これほど自由に談ずることができよう
コーヒーと共和国とはともに同じＣの字で始まり
改革のため手に手を携えて
われわれを自由で醒めた国民にする

「第三章　コーヒー・ハウスと市民社会」より 作者不明

意見を異にする人々の熱気にむせかえる場では言論の自由は許されてしかるべきもの／それこそがコーヒーハウス／なぜなら他のいったいどこでこれほど自由に談ずることができよう／コーヒーと共和国とはともに同じＣの字で始まり／改革のため手に手を携えて／われわれを自由で醒めた国民にする

天文学者
フィリップ・スタッブズ

さまざまな階級に属する人びとが混じり合い
意見を交わしている場にコーヒーハウスの常連の
作家が入ると、その荒っぽいエネルギーと、
カフェインで活気づく意見開陳に興奮をおぼ
えて、英語の散文に新らしい伝統を産みだす
ことになった。

『美についての対話』より

さまざまな階級に属する人びとが混じり合い意見を交わしている場にコーヒーハウスの常連の作家が入ると、その荒っぽいエネルギーと、カフェインで活気づく意見開陳に興奮をおぼえて、英語の散文に新らしい伝統を産みだすことになった。

ウィリアム・ハーヴェイ

この小さな実は
幸福と知恵の源だ！

死の際に語られた言葉

この小さな実は幸福と知恵の源だ！

モンテスキュー

パリにおけるコーヒーの流行は
絶大なものがある。コーヒーを出す
店では客に知恵を授けるような
処方を心得ている。ともかく客
はみなドアを開けたときに比べ、
出るときには少くとも四倍は頭
がよくなったと信じている。

「シャルル＝ルイ・ド・スコンダの私信」（1722年）

パリにおけるコーヒーの流行は絶大なものがある。コーヒーを出す店では客に知恵を授けるような処方を心得ている。ともかく客はみなドアを開けたときに比べ、出るときには少くとも四倍は頭がよくなったと信じている。

マーク・ヘルプリン

エスプレッソやカプチーノ、モカの威力と比べたら、ヴードゥー教の神官やその魔法の粉末も顔色なしだ。世界中の宗教が束になってかかってもかなうものではない。ひょっとすると、人間の魂そのものでさえ、かなわないかもしれない。

「アリ除けケースに入った回想録」

エスプレッソやカプチーノ、モカの威力と比べたら、ヴードゥー教の神官やその魔法の粉末も顔色なしだ。世界中の宗教が束になってかかってもかなうものではない。ひょっとすると、人間の魂そのものでさえ、かなわないかもしれない。

ジョナサン・スウィフト

コーヒーは我々を厳格で、重々しく、哲学的な気分にさせる。

不明（1722年）

コーヒーは我々を厳格で、重々しく、哲学的な気分にさせる。

→

それでこの優れた飲み物を数杯とれば脳を覆っている濃い霧をかきたて目の前のすべての暗雲は追い払われる　それは魂を鼓舞し明るくする　もうひとつの太陽のようなものである　夜の暗さと頭の重さもものかは　このすばらしい飲み物は思考を活性化し瞑想を鈍らせ暗くしている体液の霧を駆逐する

エドマンド・ウォラー

それでこの優れた飲み物を数杯とれば
脳を覆っている濃い霧をかきたて
目の前のすべての暗雲は追い払われる
それは魂を鼓舞し明るくする
もうひとつの太陽のようなものである
夜の暗さと頭の重さもおのかは
このすばらしい飲み物は思考を活性化し
瞑想を鈍らせ暗くしている体液の霧を
駆逐する

『茶の性質と品質に関する試論（Essays upon the Nature and Qualities of Tea）』
（ジョン・オヴィントン著、1699年）よりブラガンサのキャサリンに捧げた詩「王妃の推奨される茶について」

不信心の過ぎるボワンダンが口をきわめて天を罵った時、オリンポスの神々にピロンが痛烈な皮肉を吐いた時、人間嫌いのルソーが熱心に哲学を論じた時、さあみなさん方と、プロコップは言った
だからコーヒーをお飲みなさいな

ヴォルテール

不信心の過ぎるボワンダンが
口をきわめて天を罵った時、
オリンポスの神々にピロンが
痛烈な皮肉を吐いた時、
人間嫌いのルソーが
熱心に哲学を論じた時、
さあみなさん方と、
　　　　プロコップは言った
だからコーヒーをお飲みなさいな

「Ⅱ革命と氷」より

ベンジャミン・モズリー

ベーコン曰く、『コーヒーは頭と心を慰め消化を助ける』
ウィリス博士曰く、『毎日飲めば、魂の各部をおどろくほど清め、啓発し、すべての機能の雲を追い払う』

『コーヒーの性質と効果に関する論文（Effects of Coffee）』（1785年）より

ベーコン曰く、『コーヒーは頭と心を慰め消化を助ける』
ウィリス博士曰く、『毎日飲めば、魂の各部をおどろくほど清め、啓発し、すべての機能の雲を追い払う』

ベートーヴェンとコーヒー

彼は朝食にコーヒーを飲んだ。ガラスの
器具を使って、ほとんど自分で用意した。
コーヒーは栄養源として欠かせないもの
だったらしい。東洋人がのむのと同じ
くらいの濃さでのんだ。一カップに
60粒のコーヒー豆を使い、客がいる
ときは特に正確に数えた。

『Coffee and Coffee-Houses』(Ulla Heise著、1997年)より

彼は朝食にコーヒーを飲んだ。ガラスの器具を使って、ほとんど自分で用意した。コーヒーは栄養源として欠かせないものだったらしい。東洋人がのむのと同じくらいの濃さでのんだ。一カップに60粒のコーヒー豆を使い、客がいるときは特に正確に数えた。

➔

大使の奴隷がきらびやかに着飾り、膝を折って供した最上等のモカ・コーヒーは卵殻磁器の小さなカップに入っていたが、濃く薫り高く金銀の受け皿に注がれ、金モールの房のついた絹の刺繡ナプキンに載せて貴族のご婦人がたに出された。一同しかめ面で扇をパタパタさせながら、この湯気をたてている新しい飲み物の上に興味津々の、口紅と白粉とほくろをつけた顔をつきだしていた。

アイザック・ディズレーリ

大使の奴隷がきらびやかに着飾り、膝を折って供した最上等のモカ・コーヒーは卵殻磁器の小さなカップに入っていたが、濃く薫り高く金銀の受け皿に注がれ、金モールの房のついた絹の刺繍ナプキンに載せて貴族のご婦人がたに出された。
一同しかめ面で扇をパタパタさせながら、この湯気をたてている新しい飲み物の上に興味津々め、口紅と白粉とほくろをつけた顔をつきだしていた。

『文学の愉しみ（Curiosities of literature）、vol.Ⅱ』（1791年）より

→

フリーメーソンは、18世紀のヨーロッパで大いに力を持ち、イギリスでもジョージ2世の頃からは活発な活動がとくに目立ったらしい。音楽家のモーツァルトも、このフリーメーソンに属していたし、またカサノヴァも関係があった。あるいは詩人ポープも、このフリーメーソンのひとつ「バラ十字会」の思想に興味をもっていて、『髪毛略奪』という作品の中でも取り上げている。フリーメーソンの集まりはかなり開かれていた。コーヒー・ハウスは17世紀後半から18世紀にかけて、都市の中の社交場として、さまざまな人間達を取り込んで繁栄してきたのである。そこには上は貴族から、下はイカサマ師に至るまでそれぞれなんらかの目的を持ったり、あるいはなんの用もなく訪れたりといった光景が展開されていた。

小林章夫

フリーメーソンは、18世紀のヨーロッパで大いに力を持ち、イギリスでもジョージ2世の頃からは活発な活動がとくに目立ったらしい。音楽家のモーツァルトも、このフリーメーソンに属していたし、またカサノヴァとも関係があった。あるいは詩人ポープも、このフリーメーソンのひとつ「バラ十字会」の思想に興味をもっていて、『髪毛略奪』という作品の中でも取り上げている。フリーメーソンの集まりはかなり開かれていた。コーヒー・ハウスは17世紀後半から18世紀にかけて、都市の中の社交場として、さまざまな人間達を取り込んで繁栄してきたのである。そこには上は貴族から、下はイカサマ師に至るまでそれぞれなんらかの目的を持ったり、あるいはなんの用もなく訪れたりといった光景が展開されていた。

「フリーメーソンとコーヒー・ハウス」より

ナポレオンの大陸封鎖によって生じた砂糖とコーヒーの欠乏はドイツ人を対ナポレオン蜂起に駆り立て、このようにして1813年の輝かしい解放戦争の現実的土台となったことで、砂糖とコーヒーは19世紀において世界史的意義を示したのである。

カール・マルクス

ナポレオンの大陸封鎖によって生じた砂糖とコーヒーの欠乏はドイツ人を対ナポレオン蜂起に駆り立て、このようにして1813年の輝かしい解放戦争の現実的土台となったことで、砂糖とコーヒーは19世紀において世界史的意義を示したのである。

『ドイツ・イデオロギー』

2

珈琲、珈琲、苦い珈琲。

木下杢太郎

CREPES

→

コーヒーが才知を与えてくれると思いこんでいる人は結構少なくない。だが誰にもわかる通り、退屈な人間はコーヒーを飲んでもますます退屈なだけではないか。コーヒーは血行を盛んにし、血液中の活動素を解き放つ。その刺戟は消化を早め、眠気を吹き飛ばし頭脳の働く時間をしばしば引き延ばしてくれる。コーヒーは伝播して脳髄に達する。つまり、コーヒーは体内で電気を放つかまたは電気を起こすのであって、神経流体がこの電気の導管の役割を果たすのである。こうしたコーヒーの力はもとより一定でもなければ絶対的なものでもない。

オノレ・ド・バルザック

コーヒーが才知を与えてくれると思いこんでいる人は結構少なくない。だが誰にもわかる通り、退屈な人間はコーヒーを飲んでますます退屈なだけではないか。コーヒーは血行を盛んにし、血液中の活動素を解き放つ。その刺戟は消化を早め、眠気を吹き飛ばし頭脳の働く時間をしばしば引き延ばしてくれる。コーヒーは伝播して脳髄に達する。つまり、コーヒーは体内で電気を放つかまたは電気を起こすのであって、神経流体がこの電気の導管の役割を果たすのである。こうしたコーヒーの力はもとより一定でもなければ絶対的なものでもない。

「近代興奮剤考」

アメリカの測量技師

開拓者達はコーヒーとタバコさえあれば、どんな不自由も耐え忍び、いかなる辛苦もものともしないが、この二つの辺境の必需品を取り上げられたら、ぐずの不平屋になってしまう。

不明（1849年）

開拓者達はコーヒーとタバコさえあれば、どんな不自由も耐え忍び、いかなる辛苦もものともしないが、この二つの辺境の必要品を取り上げられたら、ぐずの不平屋になってしまう。

R.K.ビーチャム大尉

我々はかつてヴァージニアで何度も行軍に加わったが、日が長くて暑い時期には、時おり道端で入れる一杯のコーヒーのお陰で、兵士たちも元気を取り戻して長い行軍の疲労に耐え、隊列を乱さずに行進することができた。

『ゲティスバーグ――南北戦争の枢軸的戦闘』(1911年)より

我々はかつてヴァージニアで何度も行軍に加わったが、日が長くて暑い時期には、時おり道端で入れる一杯のコーヒーのお陰で、兵士たちも元気を取り戻して長い行軍の疲労に耐え、隊列を乱さずに行進することができた。

17Cのパリはひとつの巨大なカフェと化した。フランスにおける会話は頂点に達した…このほとばしるような爆発には、時代の幸先のよい革命・新しい習慣を創造し人間の気質を変えたほどの大事件——つまりコーヒーの出現にある程度名誉が帰せられるべきだろう。

ジュール・ミシュレ

17cのパリはひとつの巨大なカフェと化した。フランスにおける会話は頂点に達した、、このほとばしるような爆発には、時代の幸先のよい革命・新しい習慣を創造し人間の気質を変えたほどの大事件—つまりコーヒーの出現にある程度名誉が帰せられるべきだろう。

「偉大なる覚醒者コーヒー」より

➔

一日の戦闘に疲れ切った大勢の兵士たちは、乾パンとコーヒーの夕食をとり、銘々毛布にくるまって一夜を過すのだ。真夜中に進軍の命令が出たとしても、奇襲のためでない限りは必ず出発前にポット一杯のコーヒーを沸かす。食事中にも食事の合間にもコーヒーをのんだ。夜は夜で、見張りに出る者や見張りから戻った者が常にコーヒーをのんでいた。

ジョン・ビリングズ

一日の戦闘に疲れ切った大勢の兵士たちは、乾パンとコーヒーの夕食をとり、銘々毛布にくるまって一夜を過すのだ。真夜中に進軍の命令が出たとしても、奇襲のためでない限りは必ず出発前にポット一杯のコーヒーを沸かす。食事中にも食事の合間にもコーヒーをのんだ。夜は夜で、見張りに出る者や見張りから戻った者が常にコーヒーをのんでいた。

『乾パンとコーヒー』（1887年）より

渋沢栄一

朝食後カッフヘェーと云う豆
を煎じたる湯を出す。
砂糖を和して、
之をのむ。
頗る胸中を
爽やかにす。

「航西日記」（1871年）

朝食後カッフヘェーと云う豆を煎じたる湯を出す。砂糖を和して、之をのむ。頗る胸中を爽やかにす。

夏目漱石

芝居が済んでから電車を待つ間に七人連れでカフェ・プランタンへ行ったさうである。その中には秋声と田村とし子がいた。さうして勘定は小宮が払ったのださうである。

「明治44年　日記9　六月十日（土）」（1911年）

芝居が済んでから電車を待つ間に七人連れでカフェ・プランタンへ行ったさうである。その中には秋声と田村とし子がいた。さうして勘定は小宮が払ったのださうである。

白い船のやうにかがやく
硬質の土器
その上にかかれた唐草は
朝の光に花と見える
なみなみと盛られた
黒い珈琲
一口すするうちに
かけぬ詩のこと
女のこと
冒瀆の思想の一閃　（中略）
げに自分を慰める一杯の珈琲には
これを盛る
粗末な茶碗には
汗と悩みと労苦がまつわる
生はどこまで喘ぎ
歓びは悩みに培はれる
わたしの詩作の汗は
いつも何の幸福をもたらす

川路柳虹

白い船のやうにかがやく
硬質の土器
その上にかかれた唐草は
朝の光に花と見える
なみなみと盛られた
黒い珈琲
一口すするうちに
かけぬ詩のこと 女のこと
冒瀆の思想の一閃

げに自分を慰める一杯の珈琲には
これを盛る粗末な茶碗には
汗と悩みと労苦がまつわる
生はどこまで喘ぎ
歓びは悩みに培はれる
わたくの詩作の汗は
いつも何の幸福をもたらす

「珈琲茶碗」

五人句会

新居格

パウリスタ　五銭のコーヒー　今日ものむ

室生犀星

地図をさし　珈琲の木を　教へけり

萩原朔太郎

ブラジルに　珈琲植ゑん　秋の風

丸山薫

モカ飲んで　しぐれの舗道　別れけり

田中冬二

珈琲碾く　かたへにくろし　烏猫

個人詩「彷徨」「丸山薫評伝のためのノート」

パウリスタ　五銭のコーヒー　今日ものむ
地図をさし　珈琲の木を　教へけり
ブラジルに　珈琲植ゑん　秋の風
モカ飲んで　しぐれの舗道　別れけり
珈琲碾く　かたへにくろし　烏猫

プレスコット

コーヒーの作用は活力を与える有益
なものであり、肉体的な活動のた
めの力と頭脳的な活動での集中
力の強化に役立つということである。
穏かな喜びをもたらすコーヒーの
役割はきわめて重要である。

「ボストン・トランスクリプト」紙（1923年10月18日）

コーヒーの作用は活力を与える有益なものであり、肉体的な活動のための力と頭脳的な活動での集中力の強化に役立つということである。穏かな喜びをもたらすコーヒーの役割はきわめて重要である。

➔

今しがた啜って置いた
MOKKAのにほひがまだ何処やらに
残りゐるゆゑ
うら悲し
曇った空に
時時は雨さえけぶる
五月の夜の冷たさに
黄いろくにじむ華電気
酒宴のあとの雑談の
やや狂ほしき情操の
さりとて別にこれといふ故もなけれど
うら懐しく、
何となく古き恋など語らまほしく、
凝として居るけだるさに、
当もなく見入れば白き食卓の
磁の花瓶にほのぼのと
薄紅の牡丹の花。
珈琲、珈琲、苦い珈琲。

木下杢太郎

今しがた啜つて置いた
MOKKAのにほひがまだ何処やらに
残りゐるゆゑ うら悲し
曇った空に 時時は雨さえけぶる
五月の夜の冷たさに
黄いろく にじむ華電気
酒宴のあとの雑談の
やや狂ほしき情操の
さりとて別にこれといふ故もなけれど
うら懐しく、
何となく古き恋など語らまほしく、
凝として居るけだるさに、
当もなく見入れば白き食卓の
磁の花瓶にほのぼのと
薄紅の牡丹の花。
珈琲、珈琲、苦い珈琲。

「珈琲」

ニューヨーク・タイムズ

コーヒーは晴れてジャズ時代の一端を担うものとして認められたのだ。朝食はコーヒーだけという人が、男女を問わず増えている。また、仕事で緊張した後の元気づけとして、一日中コーヒーが飲まれている。

「ニューヨーク・タイムズ」紙（1923年）

コーヒーは晴れてジャズ時代の一端を担うものとして認められたのだ。朝食はコーヒーだけという人が、男女を問わず増えている。また、仕事で緊張した後の元気づけとして、一日中コーヒーが飲まれている。

流行歌

コーヒーに首ったけ
紅茶に首ったけ
ジャバ・ジャイヴに
首ったけ
向こうもこっちに
くびったけ

The Ink Spots「Java Jive」（1940年）

コーヒーに首ったけ／紅茶に首ったけ／ジャバ・ジャイヴに首ったけ／向こうもこっちにくびったけ

3

だから飲もうよ、一杯のコーヒー

アーヴィング・バーリン

→

かつて私は、ちょっとばかりの間、文学酒場〈シャ・ノワール〉にもいっていたことがある。つまりは、モーリス・ドネのようなおひとと同席していたってわけだ…。それにオーベルジュ〈クル〉には、私はずいぶん足しげく通ったものだった。だけど、もちろんのこと、こっそりとである。そして私は、それも食事のあいだにしか行かなかった。食事はすぐそばの別のレストランで。いつもすませてからいくのだった。私はどうやらカフェ向きの人間ではないようだ。私はやっぱりビヤホールのほうが好きなんだ。ウイ。

エリック・サティ

かつて私は、ちょっとばかりの間、文学酒場〈シャ・ノワール〉にもいっていたことがある。つまりは、モーリス・ドネのようなおひとと同席していたってわけだ……　。それにオーベルジュ〈クル〉には、私はずいぶん足しげく通ったものだった。だけど、もちろんのこと、こっそりとである。そして私は、それも食事のあいだにしか行かなかった。食事はすぐそばの別のレストランでいつもすませてからいくのだった。私はどうやらカフェ向きの人間ではないようだ。私はやっぱりビヤホールのほうが好きなんだ。ウイ。

「我慢のならない範例」

それ以来、その丘の上の家は、私達のよく行くところとなった。時の間に、私達の間には深い固い交際が結ばれた。国木田君も私の喜久井町の家をたづねて来れば、私も行ってはそこに泊って来たりした。それに、その丘の上の眺めが私達を惹いた。柳田君をも私は其処に伴れて行った。その丘の上の家の記憶は、私にはかなりに沢山にある。訪ねて行くと、国木田君は縁側に出て、『おーい』と声をあげて、隣の牛乳屋を呼ぶ。そして絞り立ての牛乳を一、二合取り寄せて、茶碗にあけて、それにコオヒイを入れてご馳走をした。

田山花袋

それ以来、その丘の上の家は、私達のよく行くところとなった。時の間に、私達の間には深い固い交際が結ばれた。国木田君も私の喜久井町の家をたづねて来れば、私も行ってはそこに泊って来たりした。それに、その丘の上の眺めが私達を惹いた。柳田君をも私は共処に伴れて行った。その丘の上の家の記憶は、私にはかなりに沢山にある。訪ねて行くと、国木田君は縁側に出て、『おーい』と声をあげて、隣の牛乳屋を呼ぶ。そして絞り立ての牛乳を一、二合取り寄せて、茶碗にあけて、それにコオヒイを入れてご馳走をした。

「丘の上の家」

カッフェー、プランタンのばら色の
壁にかけたる名画の下
芝居帰りの若き人々の一群れが
鉢物の異国の酒の酔心地。
マカロニとモカの烟は立昇る
カッフェー、プランタンの窓の外
日吉通りの初夏の夜半
ガスの火影に柳はなき
碧梧桐の若芽に雨はしたゝる。

永井荷風

カッフェー、プランタンのばら色の
壁にかけたる名画の下
芝居帰りの若き人々の一群れが
鉢物の異国の酒の酔心地。
マカロニとモカの烟は立昇る
カッフェー、プランタンの窓の外
日吉通りの初夏の夜半
ガスの火影に柳はなき
碧梧桐の若芽に雨はしたゝる。

「Au Café Printemps」

→

銀座の喫茶店で、五十才を過ぎた荷風が若い人に囲まれている。彼らのとりとめもない話に耳を傾け、ときどきは自分も昔の思い出を話したりする。子どものいない荷風には、彼らが子どものように見えたかもしれない。人間嫌い、孤高のイメージの強い荷風だが、このときばかりは優しい好々爺のようだ。

川本三郎

銀座の喫茶店で、五十才を過ぎた荷風が若い人に囲まれている。彼らのとりとめもない話に耳を傾け、ときどきは自分も昔の思い出を話したりする。子どものいない荷風には、彼らが子どものように見えたかもしれない。人間嫌い、孤高のイメージの強い荷風だが、このときばかりは優しい好々爺のようだ。

「好々爺のよう」

アーヴィング・バーリン

すぐそこの角を曲がれば、
空に虹が見える。
だから飲もうよ、
一杯のコーヒー、
そしてパイをもう一切れ。

「Let's Have Another Cup of Coffee」（1932年）

すぐそこの角を曲がれば、空に虹が見える。だから飲もうよ、一杯のコーヒー、そしてパイをもう一切れ。

宮沢賢治

髪を長くしコーヒーを呑み空虚に待てる
顔つきを見よ
なべての悩みをたきぎと燃やし
なべての心を心とせよ
風とゆききし
雲からエネルギーをとれ

「農民芸術概論綱要」より「エネルギーをとれ」

髪を長くしコーヒーを呑み空虚に待てる顔つきを見よ／なべての悩みをたきぎと燃やし／なべての心を心とせよ／風とゆききし／雲からエネルギーをとれ

藤浦洸

一杯のコーヒーから
夢の花咲くこともある
街のテラスの夕暮れに
二人の胸の灯が
ちらりほらりとつきました

「一杯のコーヒーから」（1939年）

一杯のコーヒーから／夢の花咲くこともある／街のテラスの夕暮れに／二人の胸の灯が／ちらりほらりとつきました

斎藤茂吉

それから私は機さへあれば、Café Minervaのことを訊ねて見た。日本媼もそれを知らなかったし、教室の近くにある行附の珈琲店の主人も知らなかった。ある日、大学の近くの書店を訪うたついでに、近くの酒店兼珈琲店に寄った。ここは、往年のカフェ・ミネルワを聯想せしめるところであって、烟草のけむりもうもうと立ちこめ、人ごゑが威勢よく起る間に、静に西洋将棋を楽しんでゐる者もゐる。

「カフェ・ミネルワ」

それから私は機さへあれば、Café Minervaのことを訊ねて見た。日本媼もそれを知らなかったし、教室の近くにある行附の珈琲店の主人も知らなかった。ある日、大学の近くの書店を訪うたついでに、近くの酒店兼珈琲店に寄った。ここは、往年のカフェ・ミネルワを聯想せしめるところであって、烟草のけむりもうもうと立ちこめ、人ごゑが威勢よく起る間に、静に西洋将棋を楽しんでゐる者もゐる。

生れて始めて味はったコーヒーの香味はすっかり田舎育ちの私を心酔させてしまった。凡てのエキゾチックなものに憧憬をもって居た子供心に、此の南洋的西洋的な香気は未知の極楽郷から遠洋を渡って来た一脈の薫風のやうに感ぜられたものゝやうである。
コーヒーの味はコーヒーによって呼び出される幻想曲の味であって、それを呼び出す為には矢張り適当な伴奏もしくは前奏が必要であるらしい。
銀とクリスタルガラスとの閃光のアルペジオは確かにさふいふ管絃楽の一部員の役目をつとめるものであらう。

寺田寅彦

生れて始めて味はつたコーヒーの香味はすつかり田舎育ちの私を心酔させてしまつた。凡ての
エキゾチックなものに憧憬をもつて居た子供心に、此の南洋的西洋的な香気は未知の極楽郷から遠洋を渡つて来た一脈の薫風のやうに感ぜられたものゝやうである。
コーヒーの味はコーヒーによつて呼び出される幻想曲の味であつて、それを呼び出す為には矢張り適当な伴奏もしくは前奏が必要であるらしい。
銀とクリスタルガラスとの閃光のアルペジオは確かにさういふ管絃楽の一部員の役目をつとめるものであらう。

「珈琲哲学序説」

巴里の喫茶店で、街路にマロニエの葉の散るのを眺めながら、一杯のブドウ酒で半日も暮してゐるなんてことは、話に聞くだけでも贅沢至極のことである。昔の江戸時代の日本人は、理髪店で浮世話や将棋をしながら、殆んど丸一日を暮らして居た。文化の伝統が古くなるほど、人の心に余裕が生れ、生活がのんびりとして暮しよくなる。それが即ち「太平の世」といふものである。今の日本は、太平の世を去る事あまりに遠い。昔の江戸時代には帰らないでも、せめて巴里かロンドン位の程度にまで、余裕のある閑散の生活環境を作りたい。

萩原朔太郎

巴里の喫茶店で、街路にマロニエの葉の散るのを眺めながら、一杯のブドウ酒で半日も暮してゐるなんてことは、話に聞くだけでも贅沢至極のことである。昔の江戸時代の日本人は、理髪店で浮世話や将棋をしながら、殆んど丸一日を暮らして居た。文化の伝統が古くなるほど、人の心に余裕が生れ、生活がのんびりとして暮しよくなる。それが即ち「太平の世」といふものである。今の日本は、太平の世を去る事あまりに遠い。昔の江戸時代には帰らないでも、せめて巴里かロンドン位の程度にまで、余裕のある閑散の生活環境を作りたい。

「喫茶店にて」

吉井勇

珈琲の濃きむらさきの一椀を
啜りてわれら静こころなし

珈琲の香りにむせびたる夕より
夢みるひととなりにけらしな

歌集『酒ほがひ』より「珈琲」

珈琲の濃きむらさきの一椀を
啜りてわれら静こころなし
珈琲の香りにむせびたる夕より
夢みるひととなりにけらしな

マーガレット・ミッチェル

ほかの理由はともかく、砂糖
や濃いクリームの入った本当の
コーヒーが飲めなくなったことだ
けでも、彼女は北軍を憎ん
だ。

『風と共に去りぬ』より

ほかの理由はともかく、砂糖や濃いクリームの入った本当のコーヒーが飲めなくなったことだけでも、彼女は北軍を憎んだ。

→

三人の女の体は皆まるで違ってゐる。その違った体のmouvementが入りみだれて、しみじみと美しい。ぱっと一段明るい珈琲店の前に来たら、渦の中へ巻き込まれる様にその姿がすっと消えた。気がついたら、僕も大きな珈琲店の角の大理石の卓の前に腰をかけてゐた。好きなcafé americainのcitronの香ひを賞しながら室を見廻した。急に人の話声が始まったか、と思ふほど人の声が耳にはいる。急に明るくなったか、と思ふほど室の美しさが眼に入る。急に熱くなったか、と思ふほど顔がほてって来た。音楽隊ではtarantellaをやり始めた。

高村光太郎

三人の女の体は皆まるで違つてゐる。その違つた体のmouvementが入りみだれて、くみぐみと美しい。
ぱつと一段明るい珈琲店の前に来たら、渦の中へ巻き込まれる様にその姿がすつと消えた。気がついたら、僕も大きな珈琲店の角の大理石の卓の前に腰をかけてゐた。好きなcafé americainのcitronの香ひを賞しながら室を見廻した。
急に人の話声が始まつたか、と思ふほど人の声が耳にはいる。急に明るくなつたか、と思ふほど室の美しさが眼に入る。急に熱くなつたか、と思ふほど顔がほてつて来た。音楽隊ではtarantellaをやり始めた。

「珈琲店より」

→

それというのも、おれはもうすっかり知っているのだ、みんなすっかり知りつくしたのだ。朝も夕暮も午後も知っている、おれはコーヒーのサジで、おれの一生を計ってしまった。おれは、むこうの部屋からひびく音楽にかきけされて、息もたえだえに消えてゆく声を知っている。それなのに、今さら、どうしてやれよう。

T.S.エリオット

それというのも、おれはもうすっかり知っているのだ、
みんなすっかり知りつくしたのだ。
朝も夕暮も午後も知っている、
おれはコーヒーのサジで、おれの一生を計ってしまった。
おれは、むこうの部屋からひびく音楽にかきけされて、
息もたえだえに消えてゆく声を知っている。
それなのに、今さら、どうしてやれよう。

「アルフレッド・プルーフロックの恋歌」

➔

その中に、いつか我々も小説を書くようになり、原稿料が這入るようになると、音羽亭やパウリスタだけでは満足できなくなり、銀座の表通りのカッフェに、そろそろ進出し始めたのである。最初何処で出会ったのか忘れたが何処かのカッフェで久米正雄とひょっこり会い、何でも銀座から須田町の露月亭あたりまで、順々に梯子をやったことを覚えている。もっとも、彼のはウイスキーを飲むのだから、梯子と云えるが、自分のは珈琲か紅茶で誤魔化しているのだから梯子の名に値しないかも知れない。

広津和郎

その中に、いつか我々も小説を書くようになり、原稿料が這入るようになると、音羽亭やパウリスタだけでは満足できなくなり、銀座の表通りのカッフェに、そろそろ進出し始めたのである。最初何処で出会ったのか忘れたが何処かのカッフェで久米正雄とひょっこり会い、何でも銀座から須田町の露月亭あたりまで、順々に梯子をやったことを覚えている。もっとも、彼のはウイスキーを飲むのだから、梯子と云えるが、自分々は珈琲か紅茶で誤魔化しているのだから梯子の名に値しないかも知れない。

「カッフェエ漫談 抄」

4

香り高い
朝の一杯のコーヒーに
僕の平和があるのだろうか

黒田三郎

可否道を書くに当って、どうしても、にわか勉強の通にならざるを得ない。そこで有名コーヒー店や、コーヒー問屋のようなところへ行って、連日のように、コーヒーを飲んだ。やはり、よい豆を適当な方法でいれたコーヒーというものは、非常にウマいのである。また、日本人の鑑賞力というものは、お茶の関係か、非常に高いことも発見し、コーヒーをのみまわるのが、おもしろくなった。外で飲むだけでは、満足せず、自宅でも、午後になると、濃いやつをいれて、よくのんだ。

獅子文六

可否道を書くに当って、どうしても、にわか勉強の
必要にならざるを得ない。そこで有名コーヒー店や、
コーヒー問屋のようなところへ行って、連日のように、
コーヒーを飲んだ。やはり、よい豆を適当な方法
でいれたコーヒーというものは、非常にウマいので
ある。また、日本人の鑑賞力というものは、お茶
の関係か、非常に高いことも発見し、コーヒーを
のみまわるのが、おもしろくなった。外で飲む
だけでは、満足せず、自宅でも、午後にな
ると、濃いやつをいれて、よくのんだ。

「『可否道』を終えて」

山上路夫

君とよくこの店に来たものさ
訳もなくお茶を飲み話したよ
学生でにぎやかなこの店の
片隅で聴いていたボブ・ディラン
あの時の歌は聴こえない
人の姿も変わったよ
時は流れた
あの頃は愛だとは知らないで
サヨナラも言わないで別れたよ
君と

「学生街の喫茶店」

君とよくこの店に来たものさ／訳もなくお茶を飲み話したよ／学生でにぎやかなこの店の／片隅で聴いていたボブ・ディラン／あの時の歌は聴こえない／人の姿も変わったよ／時は流れた／あの頃は愛だとは知らないで／サヨナラも言わないで別れたよ／君と

ジーン・マーティン

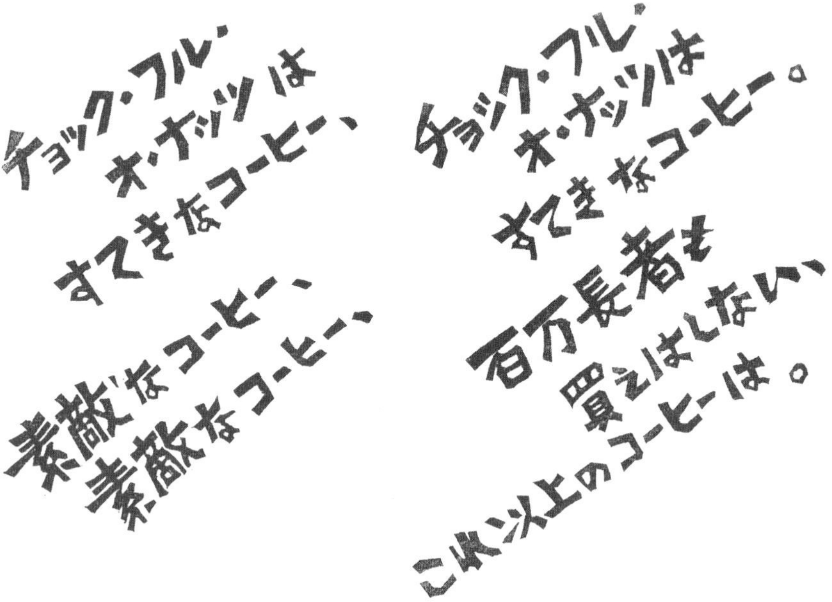

コマーシャル・ソング「チョック・フル・オ・ナッツ」(1953年)

チョック・フル・オ・ナッツはすてきなコーヒー、素敵なコーヒー、素敵なコーヒー、チョック・フル・オ・ナッツはすてきなコーヒー。百万長者も買えはしない、これ以上のコーヒーは。

ジャック・プレヴェール

あのひとはコーヒーを
茶碗についだ
あのひとはミルクを
コーヒー茶碗についだ
あのひとは砂糖を
ミルクコーヒーに入れた
小さなさじで
あのひとはかきまわした
あのひとはミルクコーヒーを飲んだ
それから茶碗を置いた
あたしに口もきかずに

「朝の食事」

あのひとはコーヒーを／茶碗についだ／あのひとはミルクを／コーヒー茶碗についだ／あのひとは砂糖を／ミルクコーヒーに入れた／小さなさじで／あのひとはかきまわした／あのひとはミルクコーヒーを飲んだ／それから茶碗を置いた／あたしに口もきかずに

黒田三郎

香り高い朝の一杯のコーヒーに
僕の平和があるのだろうか
やすらかな妻の寝息のくり返しに
僕の平和があるのだろうか
・・・・
時はまぎれもなく過ぎてゆくのだ
過ぎて行ったあとになって
そこに
こぢんまりとした小市民の生活のなかに
何を
見出すというのか
僕は香り高い朝の一杯のコーヒーをのむ
僕はやすらかな妻の寝息の微かな
くり返しをきく

詩集『渇いた心』より「微風のなかで」

香り高い朝の一杯のコーヒーに／僕の平和があるのだろうか／やすらかな妻の寝息のくり返しに／僕の平和があるのだろうか／…／時はまぎれもなく過ぎてゆくのだ／過ぎて行ったあとになって／そこに／こぢんまりとした小市民の生活のなかに／何を／見出すというのか／僕は香り高い朝の一杯のコーヒーをのむ／僕はやすらかな妻の寝息の微かな／くり返しをきく

日本郵船の自分の部屋にぢっとしてゐればそのまま無事にすんで独りでに夕方になるのだが、出歩くといろんな物が目についたり、にほって来たりする。明治本社の玄関を這入ってエレヴエタに乗る前に片側の喫茶室を横目で見たかも知れない。しかし帰りにはその前を素通りして表に出た。すぐ帰る気はしないが、それならどうすると云ふ分別もない。広い歩道をぶらぶら行って町角に靴磨きがゐたから靴を磨かせた。片足を台に載せて一服した。さう思って行ったわけではないけれど、そこは明治別館の喫茶館の角である。珈琲の香がにほって来る様でもあり、それは気の所為だとも思はれる。

内田百閒

日本郵船の自分の部屋にぢつとしてゐればそのまま無事にすんで独りでに夕方になるのだが、出歩くといろんな物が目についたり、にほつて来たりする。明治本社の玄関を這入つてエレヴエタに乗る前に片側の喫茶室を横目で見たかも知れない。しかし帰りにはその前を素通りして表に出た。すぐ帰る気はしないが、それならどうすると云ふ分別もない。広い歩道をぶらぶら行つて町角に靴磨きがゐたから靴を磨かせた。片足を台に載せて一服した。さう思つて行つたわけではないけれど、そこは明治別館の喫茶館の角である。珈琲の香がにほつて来る様でもあり、それは気の所為だとも思はれる。

「可否茶館」

→

コーヒーをフランスではキャッフェといい、キャッフェはそのまゝ喫茶店を意味するが、よくパリの写真などをみると、店の外の歩道路の方まで、天幕や椅子卓子がつき出していて、そこでキャッフェをのみながら、街行く人々を眺めたり、新聞をよんだり、女を物色したりしているパリジャンやパリジェンヌの姿をみることがあるが、あれがパリのキャッフェの特色で、テラスとよばれ、いかにものどかで、のびやかな生活が感じられる。

梅田晴夫

コーヒーをフランスではキャッフェといい、キャッフェはそのまゝ喫茶店を意味するが、よくパリの写真などをみると、店の外の歩道路の方まで、天幕や椅子卓子がつき出していて、そこでキャッフェをのみながら、街行く人々を眺めたり、新聞をよんだり、女を物色したりしているパリジャンやパリジェンヌの姿をみることがあるが、あれがパリのキャッフェの特色で、テラスとよばれ、いかにものどかで、のびやかな生活が感じられる。

「珈琲」

エズラ・パウンド

喫茶店のあの娘も
まえほどきれいでなくなった
この八月がからだに良くなかった
まえほどいそいそと階段を登ってこない
そう　彼女もやがて中年になる
まえはマフィンを持ってくるとき
青春の輝きを撒き散らしたその
だったが
そうそういうこともなくなるだろう
彼女もやがて中年になる

「喫茶店」

喫茶店のあの娘も／まえほどきれいでなくなった／この八月がからだに良くなかった／まえほどいそいそと階段を登ってこない／そう　彼女もやがて中年になる／まえはマフィンを持ってくるとき／青春の輝きを撒き散らしたもの／だったが／もうそういうこともなくなるだろう／彼女もやがて中年になる

ジョウエル、デイヴィッド、カール・シャピラ

コーヒーを焙煎する者は、技術や見識を常にみがき続けるだけでなく、愛情と献身の度合いも深まっていかなければならない。何の変哲もない種子を、かぐわしく元気の出る飲み物の原料へと変化させる時、コーヒー焙煎業者は錬金術師となる。その魔法は見かけ倒しでなく本物だ。

不明（1975年）

コーヒーを焙煎する者は、技術や見識を常にみがき続けるだけでなく、愛情と献身の度合いも深まっていかなければならない。何の変哲もない種子を、かぐわしく元気の出る飲み物の原料へと変化させる時、コーヒー焙煎業者は錬金術師となる。その魔法は見かけ倒しでなく本物だ。

➜

それがフランスのカフェであって、名目はコオヒイを売る店なのであるが、それよりもこれは実は、何もしないでぶらぶらしてゐるための場所なのである。そして何もしないでゐるのにも道具がなくてはならないから、コオヒイを出し、その他に安ビイルを含めた酒類もあって、簡単な食事もできるし、頼めば便箋と封筒、それにペンとインクも持って来てくれる。新聞は幾通りか綴じて置いてある。だからカフェに行けば、そこで手紙も書けるし、そして飲みものや食べものにも不自由せず、フランス人の多くはかういふカフェの一軒で朝の食事をして、それから一日中そこにゐても誰も文句を言ふものはない。

吉田健一

それがフランスのカフェであつて、名目はコオヒイを売る店なのであるが、それよりもこれは実は、何もしないでぶらぶらしてゐるための場所なのである。そして何もしないでゐるのにも道具がなくてはならないから、コオヒイを出し、その他に安ビイルを含めた酒類もあつて、簡単な食事もできるし、頼めば便箋と封筒、それにペンとインクも持つて来てくれる。新聞は幾通りか綴じて置いてある。だからカフェに行けば、そこで手紙も書けるし、そして飲みものや食べものにも不自由せず、フランス人の多くはかういふカフェの一軒で朝の食事をして、それから一日中そこにゐても誰も文句を言ふものはない。

「カフェ」

→

プラハでは、パリの美術雑誌が置いてあったカフェ・ウニオーンに、芸術家や学生が集まり、とくに作家ヤロスラフ・ハシェクは常連だった。またカフェ・アルコはフランツ・カフカとミレナ・イェセンスカの恋がはじまったところだし、作家のカレル・チャペクやフリードリヒ・トーアベルクは1893年にできたカフェ・サヴォイに座っていた。なかでも有名なのは、モルダウ川沿いの国民劇場の向かいの作曲家スメタナが住んだ建物にあるカフェ・スラヴィアだ。プラハ城を見渡すカフェにリルケや多くの劇場関係者、作家が通ったが、その中には劇作家でもあったヴァーツラフ・ハヴェル元大統領もいた。

河野純一

プラハでは、パリの美術雑誌が置いてあったカフェ・ウニオーンに、芸術家や学生が集まり、とくに作家ヤロスラフ・ハシェクは常連だった。またカフェ・アルコはフランツ・カフカとミレナ・イェセンスカの恋がはじまったところだし、作家のカレル・チャペクやフリードリヒ・トーアベルクは1893年にできたカフェ・サヴォイに座っていた。なかでも有名なのは、モルダウ川沿いの国民劇場の向かいの作曲家スメタナが住んだ建物にあるカフェ・スラヴィアだ。プラハ城を見渡すカフェにリルケや多くの劇場関係者、作家が通ったが、その中には劇作家でもあったヴァーツラフ・ハヴェル元大統領もいた。

「プラハのカフェ」

→

私の父には朝読書する習慣があって、六時半には起きて、洗面を済ますとかならず書斎に篭った。八時頃台所に行くと、書斎で本を読んでいる父にいれて行くための珈琲が珈琲沸かしの中で、コトコト音をたてながら蓋を持ち上げ、いい香りをたてているのが常だった。幼い頃私はこの時間に台所に入って行って、母が珈琲の準備をするのを見ながら、子供には飲むことを禁じられているこの珈琲という飲み物の香りを胸一杯に吸い込むのが好きだった。

柏原兵三

私の父には朝読書する習慣があって、六時半には起きて、洗面を済ますとかならず書斎に籠った。八時頃台所に行くと、書斎で本を読んでいる父にいれて行くための珈琲が珈琲沸かしの中で、コトコト音をたてながら蓋を持ち上げ、いい香りをたてているのが常だった。幼い頃私はこの時間に台所に入って行って、母が珈琲の準備をするのを見ながら、子供には飲むことを禁じられているこの珈琲という飲み物の香りを胸一杯に吸い込むのが好きだった。

「珈琲の話」

清岡卓行

かつてドストエフスキーが窮迫のどん底
に呻吟した時『俺に今一杯の
コーヒーが飲めたら世界はどうな
ってもかまはぬ』と絶叫した爽快
なる響きを懐しく思い出すもので
あります。

「今一杯のコーヒーが」

かつてドストエフスキーが窮迫のどん底に呻吟した時『俺に今一杯のコーヒーが飲めたら世界はどうなってもかまはぬ』と絶叫した爽快なる響きを懐しく思い出すものであります。

安岡章太郎

まことに他愛もないことだが、私は若者のかぶっている鳥打ち帽や、コーヒーを飲む口つきや、笑顔や、手の振り方にいたるまでが気に入って、おれもいまにあんな風に、好きな女の運んでくれたコーヒーを港のハシケの上で飲んでみたい、と願ったものだった。

「曲り角の散歩」より「浅草橋」

まことに他愛もないことだが、私は若者のかぶっている鳥打ち帽や、コーヒーを飲む口つきや、笑顔や、手の振り方にいたるまでが気に入って、おれもいまにあんな風に、好きな女の運んでくれたコーヒーを港のハシケの上で飲んでみたい、と願ったものだった。

→

一度賞めてもらえるような珈琲を淹れてみたい、一度だけでいい、老人に、美味い、と言われるものをつくり出したいと努力はしていた。彼女自身も好きであったし、珈琲を淹れるという行為が好きだった。そしてその行為には彼女の仕合せな追憶もある。ひとは一日に何回か仕合せな記憶につながる小さい行為があれば、それだけでも生きてゆけるものではないだろうか、と思っている。

大原富枝

一度賞めてもらえるような珈琲を淹れてみたい、一度だけでいい、老人に、美味い、と言われるものをつくり出したいと努力はしていた。彼女自身も好きであったし、珈琲を淹れるという行為が好きだった。そしてその行為には彼女の仕合せな追憶もある。ひとは一日に何回か仕合せな記憶につながる小さい行為があれば、それだけでも生きてゆけるものではないだろうか、と思っている。

「珈琲館 影絵」(一)

5

行方定かならぬ旅立ちの合図には、今も昔もコーヒーがよく似合う

臼井隆一郎

Blowin' in the wind

➔

話は振り出しにもどるが、小学生の頃は父の二番煎じに甘んじていた私も、だんだんとコーヒーが病みつきになり、そんなことでは満足できなくなって、中学生の頃はすでに父なみのコーヒーを朝から飲まないと登校できなくなっていた。中学一年生の時だったと思う。親戚に使いにやらされて、そこでコーヒーを出された。そのコーヒーというのが、角砂糖の中に、小豆を煎った粉か何かが仕込まれたコーヒー糖というしろ物だった。こんなコーヒーは飲めませんと突返すと、生意気だといってひどく伯母に叱られた。

宮﨑康平

話は振り出しにもどるが、小学生の頃は父の二番煎じに甘んじていた私も、だんだんとコーヒーが病みつきになり、そんなことでは満足できなくなって、中学生の頃はすでに父なみのコーヒーを朝から飲まないと登校できなくなっていた。中学一年生の時だったと思う。親戚に使いにやらされて、そこでコーヒーを出された。そのコーヒーというのが、角砂糖の中に、小豆を煎った粉か何かが仕込まれたコーヒー糖というしろ物だった。こんなコーヒーは飲めませんと突返すと、生意気だといってひどく伯母に叱られた。

「コーヒー飲みの大放浪」

→

最近「銀座百点」二百号記念号をめくったら、井伏鱒二、今日出海、河盛好蔵諸氏の“若き日の銀座・生ける昭和文壇史”といふ座談記事があって、ライオンやタイガーの名が出てゐてなつかしかった。私が銀座のカフェに出入りし始めたのは、やはり大正九年の頃で、ライオンやタイガーのほかにプランタン、ホワイト・パーロットなどを覚えてゐる。ロシア屋といふのは知らぬがオデッサといふロシア人一家の経営する店が日比谷の近くにあって、京口や杉阪と共に、片上伸教授に連れて行かれたことがある。

尾崎一雄

最近「銀座百点」二百号記念号をめくつたら、井伏鱒二、今日出海、河盛好蔵諸氏の"若き日の銀座・生ける昭和文壇史"といふ座談記事があつて、ライオンやタイガーの名が出てゐてなつかしかつた。私が銀座のカフエに出入りし始めたのは、やはり大正九年の頃で、ライオンやタイガーのほかにプランタン、ホワイト・パーロットなどを覚えてゐる。ロシア屋といふのは知らぬが、オデッサといふロシア人一家の経営する店が日比谷の近くにあつて、京口や杉阪と共に、片上伸教授に連れて行かれたことがある。

「あの日この日　七十七」

➔

カウボーイが飲むコーヒーは、現在のアメリカン・コーヒーと同じ薄いコーヒーである。西部劇に出て来るコーヒーは、パーコレータが薬缶に入れられて火にかけてあることが多い。これを無造作にカップに移して飲む。カップは錫製。舌がやけどしそうに熱いのをフーフー吹きながらのむ。このノみ方は、ペルシア人が初めて焙煎を知ったころのやり方から少しも進歩していない。ドリップ式もサイフォン式もあったものではない。こうしたアメリカン・スタイルのコーヒーは、1773年のボストン・ティー・パーティ以後で、紅茶と同じ濃さにしてコーヒーを紅茶の代用にした名残りだという。

小林七郎

カウボーイが飲むコーヒーは、現在のアメリカン・コーヒーと同じ薄いコーヒーである。西部劇に出て来るコーヒーは、パーコレータが薬缶に入れられて火にかけてあることが多い。これを無造作にカップに移して飲む。カップは錫製。舌がやけどしそうに熱いのをフーフー吹きながらのむ。このみ方は、ペルシア人が初めて焙煎を知ったころのやり方から少しも進歩していない。ドリップ式もサイフォン式もあったものではない。こうしたアメリカン・スタイルのコーヒーは、1773年のボストン・ティー・パーティ以後で、紅茶と同じ濃さにしてコーヒーを紅茶の代用にした名残りだという。

「コーヒーのある風景（映画）」

耕八路

FM放送がモーツァルトの曲を奏でている。きょうは上天気。休日の朝、ゆっくり眠りをとった寝起きは、少しばかり気だるくゆったりした気分だ。
ポットに新しい水を入れ、火にかけてから机の端に取り付けた手びきのコーヒーミルに計量カップ三杯の豆を入れてゴリゴリとゆっくりひく。FMの音量が聴き取れないほどの、ひく音がして部屋中にコーヒーの香りが充満する。ドリッパーを熱

→

湯で温め、濾紙をセット、ひき立てのコーヒー粉を入れて注湯を始める。ポットの注ぎ口から一滴、また一滴注がれ、コーヒー粉に浸透しだんだん盛り上がってくる。入念にたらす湯が飽和点に達しサーバーに液が落ち始める。その間約一分三十秒——この最初の一滴のコーヒー液が落下する時、私の胸は高鳴る。

「珈琲の話」

FM放送がモーツァルトの曲を奏でている。きょうは上天気。休日の朝、ゆっくり眠りをとった寝起きは、少しばかり気だるくゆったりした気分だ。ポットに新しい水を入れ、火にかけてから机の端に取り付けた手びきのコーヒーミルに計量カップ三杯の豆を入れてゴリゴリとゆっくりひく。FMの音量が聴き取れないほどの、ひく音がして部屋中にコーヒーの香りが充満する。ドリッパーを熱湯で温め、濾紙をセット、ひき立てのコーヒー粉を入れて注湯を始める。ポットの注ぎ口から一滴、また一滴注がれ、コーヒー粉に浸透しだんだん盛り上がってくる。入念にたらす湯が飽和点に達しサーバーに液が落ち始める。その間約一分三十秒——この最初の一滴のコーヒー液が落下する時、私の胸は高鳴る。

広場を中心に、画廊や出版社の多い近くの通りや、すこし先のソルボンヌまでを含めたこのあたり一帯は、二十世紀フランスの文学や美術の革新的な動向と深く結びついていた。ブルトンが経営していたグラディーヴァ画廊も、両次大戦間のフランス文学を名実ともに世界の文学動向の中心たらしめていたガリマール社もこの近くにあって、大通りに並んで立つカフェ「ドゥー・マゴ」とカフェ「フロール」、その向い側のブラッスリー「リップ」には、そういう出版社や画廊に出入りする詩人や小説家や画家たちがいつも顔を見せていた。第二次大戦後には、この文学カフェはファッションとしての実存主義の奇怪なメッカへと変貌し、界隈は異様なにぎわいを示す。

清水徹

広場を中心に、画廊や出版社の多い近くの通りや、すこし先のソルボンヌまでを含めたこのあたり一帯は、二十世紀フランスの文学や美術の革新的な動向と深く結びついていた。ブルトンが経営していたグラディーヴァ画廊も、両次大戦間のフランス文学を名実ともに世界の文学動向の中心たらしめていたガリマール社もその近くにあって、大通りに並んで立つカフェ「ドゥー・マゴ」とカフェ「フロール」、その向い側のブラッスリー「リップ」には、そういう出版社や画廊に出入りする詩人や小説家や画家たちがいつも顔を見せていた。第二次大戦後には、この文学カフェはファッションとしての実存主義の奇怪なメッカへと変貌し、界隈は異様なにぎわいを示す。

「裏通りのカフェ　パリ」

➜

オモーニァ広場の近くのカフェにはいった。ともかく熱いコーヒーが飲みたかったのだ。ドアを押すと、一斉に人々が振りむいた。何百人という人だった。まるで改装前の上野駅の列車改札口のあのホールのような、薄汚れた巨大なカフェは、ギリシャ人だけが集まるところらしかった。男たちは激烈に喋り、口論し、ゲームをし、ギリシャ式のどろどろのコーヒーをすすっていた。その何百人というギリシャ人たちは、東洋の旅行者の闖入を、まるで映画のストップ・モーションのように凝視したが、やがて何事もなかったかのように、ゲームやお喋りにもどっていった。ぼくはほっとして、熱いコーヒーをのんだ。ぼくは猥雑な熱い空気の中で、やっと自分の探していたものに出会ったように思った。

蜷川幸雄

オモーニア広場の近くのカフェにはいった。ともかく熱いコーヒーが飲みたかったのだ。ドアを押すと、一斉に人々が振りむいた。何百人という人だった。まるで改装前の上野駅の列車改札口のあのホールのような薄汚れた巨大なカフェは、ギリシャ人だけが集まるところらしかった。男たちは激烈に喋り、口論し、ゲームをし、ギリシャ式のどろどろのコーヒーをすすっていた。その何百人というギリシャ人たちは、東洋の旅行者の闖入を、まるで映画のストップ・モーションのように凝視したが、やがて何事もなかったかのように、ゲームやお喋りにもどっていった。ぼくはほっとして、熱いコーヒーをのんだ。ぼくは猥雑な熱い空気の中で、やっと自分の探していたものに出会ったように思った。

「時間の、四角い箱」

→

1541年トルコはハンガリーを占領すると、キリスト教の教会はモスクに変えられた。それだけでなくコーヒーやパプリカといった食文化にかかわるものもトルコの習慣が持ち込まれたのだった。そしてブダペストのカフェは芸術家や文学者などの知的活動にかかわる人々のたまり場となり、ペテーフィ・シャーンドルが1848年「国民の歌」をカフェ・ピルヴァックスで読み上げたように政治的運動の場ともなった。19世紀末ブダペストには約600軒のカフェがあったということだが、なかでも芸術家達が集まるカフェに、カフェ・ヤーパンがあった。「日本」という名がついていて、当時流行のジャポニズムの装飾がされていた。レヒネル・エデンも常連だったというが、このカフェはいまはなく書店になっている。

河野純一

1541年トルコはハンガリーを占領すると、キリスト教の教会はモスクに変えられた。それだけでなくコーヒーやパプリカといった食文化にかかわるものもトルコの習慣が持ち込まれたのだった。そしてブダペストのカフェは芸術家や文学者などの知的活動にかかわる人々のたまり場となり、ペテーフィ・シャーンドルが1848年「国民の歌」をカフェ・ピルヴァックスで読み上げたように政治的運動の場ともなった。19世紀末ブダペストには約600軒のカフェがあったということだが、なかでも芸術家達が集まるカフェに、カフェ・ヤーパンがあった。「日本」という名がついていて、当時流行のジャポニズムの装飾がされていた。レヒネル・エデンも常連だったというが、このカフェはいまはなく書店になっている。

「ブダペストのカフェ」

➔

一歩外へ出ると、街中に喫茶店が立ち並んでいる。今から十年ほど前、大学生の頃、私もそうとうよく利用した方だ。何とか喫茶というのも一通り場を踏んでいる。行きはじめたのは高校三年のとき。女子ばかりのかたい学校に通学していたから、禁を破って、である。忘れられないのは、文芸部の仲間の何人かと休日、銀座七丁目にあるシャンソンの店、「銀巴里」に行ったときのことだ。見慣れた制服をぬいだ友だちは大人びて見え、それだけでもそわそわするところなのに、家や学校のうるさい目の光らない「銀巴里」の、薄暗い階段を降りていくときはほんとうに胸が高鳴った。

井坂洋子

一歩外へ出ると、街中に喫茶店が立ち並んでいる。今から十年ほど前、大学生の頃、私もそうとうよく利用した方だ。何とか喫茶というのも一通り場を踏んでいる。行きはじめたのは高校三年のとき。女子ばかりのかたい学校に通学していたから、禁を破って、である。忘れられないのは、文芸部の仲間の何人かと休日、銀座七丁目にあるシャンソンの店「銀巴里」に行ったときのことだ。見慣れた制服をぬいだ友だちは大人びて見え、それだけでもそわそわするところなのに、家や学校のうるさい目の光らない「銀巴里」の、薄暗い階段を降りていくときはほんとうに胸が高鳴った。

「地下へ通じる」

保坂和志

コーヒーがはいるころヒサは起きてきて、ぼくが上手にコーヒーを淹れることをほめる。
「こんなの誰が淹れたって同じだよ」
「そうでもないわよ」
「おれ、単純作業に向いてるんだよ」
どんなことでも好きな誰かからほめられると子どもじみてうれしがってしまうものだけれど、そんなことよりもぼくはコーヒーを淹れるたびに、いっぱいにした湯沸かしのお湯がコーヒーポットにちょうどはいりきるから、だからと、これから飲みたい量に関係なくコーヒー豆の量をいつもスプーン山盛り二杯と決めてしまったヒサの独特のものの考え方に感心していて、それに→

のってさえいればもう余計なことに気をとられないでいられる仕草の安定感のようなものを楽しんでいた。
ヒサの部屋にシンディ・ローパーはずっと鳴りつづけていて、ぼくはヒサに曲名も確かめないまゝそれを聞きつづけ、そして　…

「ヒサの旋律の鳴りわたる」

コーヒーがはいるころヒサは起きてきて、ぼくが上手にコーヒーを淹れることをほめる。「こんなの誰が淹れたって同じだよ」「そうでもないわよ」「おれ、単純作業に向いてるんだよ」どんなことでも好きな誰かからほめられると子どもじみてうれしがってしまうものだけれど、そんなことよりもぼくはコーヒーを淹れるたびに、いっぱいにした湯沸かしのお湯がコーヒーポットにちょうどはいりきるからだからと、これから飲みたい量に関係なくコーヒー豆の量をいつもスプーン山盛り二杯と決めてしまったヒサの独特のものの考え方に感心していて、それにのってさえいればもう余計なことに気をとられないでいられる仕草の安定感のようなものを楽しんでいた。ヒサの部屋にシンディ・ローパーはずっと鳴りつづけていて、ぼくはヒサに曲名も確かめないまゝそれを聞きつづけ、そして…

➔

1962年5月の月曜日の午後、各地のコーヒー・ハウスを渡り歩く一人の流しの歌手がマクドゥーガル・ストリートのコーヒー・ハウス「ガスライト」を斜めに見渡すカフェ・コモンズでコーヒーを飲んでいると、ふといくつかの問が浮かんだ。鉛筆で書き留められたそれら一連の問いは即座にギター・ワークが施され、その夜コーヒー・ハウス「フォーク・シティ」でできたてほやほやの新曲として発表されるや、時代の乱気流に乗って世界を吹き抜けた。多くの問いが立てられ、答えは“風に吹かれて”いる時代であった。……幻映めいた風景を縫う、行方定かならぬ旅立ちの合図には、今も昔もコーヒーがよく似合う。

臼井隆一郎

1962年5月の月曜日の午後、各地のコーヒー・ハウスを渡り歩く一人の流れの歌手がマクドゥーガル・ストリートのコーヒー・ハウス「ガスライト」を斜めに見渡すカフェ・コモンズでコーヒーを飲んでいると、ふといくつかの詞が浮かんだ。鉛筆で書き留められたそれら一連の問いは即座にギター・ワークが施され、その夜コーヒー・ハウス「フォーク・シティ」でできたてほやほやの新曲として発表されるや、時代の乱気流に乗って世界を吹き抜けた。多くの問いが立てられ、答えは"風に吹かれて"いる時代であった。

……

幻映めいた風景を縫う、行方定かならぬ旅立ちの合図には、今も昔もコーヒーがよく似合う。

「黒い奔流」

ボブ・ディラン

How many roads must a man walk down
Before you call him a man ?
Yes, 'n' how many seas must a white dove sail
Before she sleeps in the sand ?
Yes, 'n' how many times must the cannonballs fly
Before they're forever banned ?
The answer, my friend, is blowin' in the wind
The answer is blowin' in the wind

「Blowin' in the wind」(1962年)

How many roads must a man walk down ／ Before you call him a man ? ／ Yes,'n' how many seas must a white dove sail ／ Before she sleeps in the sand ? ／ Yes,'n' how many times must the cannonballs fly ／Before they're forever banned ? ／The answer my friend, is blowin' in the wind ／ The answer is blowin' in the wind

山口瞳

トーストもスープもうまい。「マキシム」も「吉兆」もくそ喰らえと思った。たゞし、これは暗いうちに家を出るのでなければ美味くない。労働者が、いっちゃん美味いコーヒーを飲んでいると思った。コーヒーは、夜明けのコーヒーに限るのである。

「魚河岸のコーヒー」

トーストもスープもうまい。「マキシム」も「吉兆」もくそ喰らえと思った。たゞし、これは暗いうちに家を出るのでなければ美味くない。労働者が、いっちゃん美味いコーヒーを飲んでいると思った。コーヒーは、夜明けのコーヒーに限るのである。

私もコーヒーに明け、コーヒーに暮れて幾年月、過ぎ去りし日のコーヒーの想い出はつきません。コンサートの帰り道、夕日に映える横浜の港町でのコーヒー。異国の街角で、偶然懐しい友達に再会したときのコーヒー。そして、明日から戦地に赴く彼との悲しい訣れのコーヒーの味が、いつまでも私の脳裏に焼きついて消えない。あの琥珀色した澄んだ褐色。酸味と苦味のバランス。深い香りはゆっくりと広がって、コーヒーを淹れた人の愛情が、微笑みかけてくれるような気がします。

高島君子

私もコーヒーに明け、コーヒーに暮れて幾年月、過ぎ
去りし日のコーヒーの想い出はつきません。
コンサートの帰り道、夕日に映える横浜の港町での
コーヒー。異国の街角で、偶然懐しい友達に再会
したときのコーヒー。そして、明日から戦地に赴く彼と
の悲しい訣れのコーヒーの味が、いつまでも私の脳裏に
焼きついて消えない。
あの琥珀色した澄んだ褐色。酸味と苦味の
バランス。深い香りはゆっくりと広がって、コーヒーを淹
れた人の愛情が、微笑みかけてくれるような気がします。

「コーヒーのこと」

→

コーヒーとは本来、こくのある飲みものである。おいしいコーヒーを本当においしいですネ、と共感し合いながら心の奥底を開けていく。コーヒー・セレモニーとはいかないまでも、こういう成熟したカルチャーを大切にし、心情的・精神的な楽しみ方をもう一度見直していく必要がある。人類や世界の歴史や環境といったものとの融け合い、心の触れ合いが垣間見られるようなコーヒーの飲み方を、新しい文化として打ち出していかなければならないのではないだろうか。喫茶店はわれわれ都市生活者にとって社交交流憩いの施設であり、また元来、嗜好品の持っていた人間の心の深いところへ届く作用というものを、文化として掘り起こして欲しいものである。

小松左京

コーヒーとは本来、こくのある飲みものである。おいしいコーヒーを本当においしいですネ、と共感し合いながら心の奥底を開けていく。コーヒー・セレモニーとはいかないまでも、こういう成熟したカルチャーを大切にし、心情的・精神的な楽しみ方をもう一度見直していく必要がある。人類や世界の歴史や環境といったものとの融け合い、心の触れ合いが垣間見られるようなコーヒーの飲み方を、新しい文化として打ち出していかなければならないのではないだろうか。
喫茶店はわれわれ都市生活者にとって社交交流憩いの施設であり、また元来、嗜好品の持っていた人間の心の深いところへ届く作用というものを、文化として掘り起こして欲しいものである。

「日本の喫茶店文化の変遷」

6

ねえ、コーヒーは、
ふんぞり返って飲むといいみたい

森村桂

筒井康隆

コーヒーは人間を知的にする大いなる発見だ。その苦みと芳香は人を深い思いに誘い、その旨さは精神を賦活させる。深遠な味わいの奥からコーヒーのあの琥珀の色あいに似た何やら玄妙なる思考が胸苦しいまでの迫力でせりあがってくる。そう望むなら閉じた瞼の裏に燦然たる幻想が浮かび、心躍る幻覚に生身の時間は失われる。

「約１トンのコーヒー」

コーヒーは人間を知的にする大いなる発見だ。その苦みと芳香は人を深い思いに誘い、その旨さは精神を賦活させる。深遠な味わいの奥からコーヒーのあの琥珀の色あいに似た何やら玄妙なる思考が胸苦しいまでの迫力でせりあがってくる。そう望むなら閉じた瞼の裏に燦然たる幻想が浮かび、心躍る幻覚に生身の時間は失われる。

ボブ・ディラン

Your breath is sweet
Your eyes are like two jewels in the sky
Your back is straight, your hair is smooth
On the pillow where you lie
But I don't sense affection
No gratitude or love
Your loyalty is not to me
But to the stars above

One more cup of coffee for the road
One more cup of coffee 'fore I go
To the valley below

「One More Cup of Coffee」（1975年）

Your breath is sweet ／Your eyes are like two jewels in the sky ／Your back is straight, your hair is smooth ／On the pillow where you lie ／But I don't sense affection ／No gratitude or love ／Your loyalty is not to me ／But to the stars above ／One more cup of coffee for the road ／One more cup of coffee 'fore I go ／To the valley below

→

『映画を見たあとで、コーヒーも飲まずに帰宅するようなヤツの気が知れない』さる高名な詩人がつぶやくのを、聞いたことがある。コーヒーが心の刺激になるというのは、すなわちこの飲物ほどに、人間の多様な精神状態のそれぞれにフィットするものが、他にないからだ。もしもこの世にコーヒーが存在しなかったらと考えると、私たちの想像力や創造力の何パーセントかは、確実に低下していたにちがいないと思う。

清水哲男

『映画を見たあとで、コーヒーも飲まずに帰宅するようなヤツの気が知れない』さる高名な詩人がつぶやくのを、聞いたことがある。コーヒーが心の刺戟になるというのは、すなわちこの飲物ほどに、人間の多様な精神状態のそれぞれにフィットするものが、他にないからだ。もしもこの世にコーヒーが存在しなかったらと考えると、私たちの想像力や創造力の何パーセントかは、確実に低下していたにちがいないと思う。

「『日本の名随筆 別巻3 珈琲』 あとがき」

➔

めぐりあわせというものがあるのか、アメリカを旅行中、ニューヨークでもロスアンゼルスでもワシントンでも、シカゴでもアリゾナでも、美人にひとりとして逢わなかった。出逢ったところで、どうということはないのだが、旅の仲間も「アメリカにはブスしかいないのかな」とぼやいていたから、私だけの好みのせいではないらしい。ところがピッツ・バーグへやって来ると、街を歩いているだけでも目の応接にいとまがないほど、そこは美人の洪水だったのである。そして、美人に目疲れして一休みにはいった店に、その日随一の美人がひとり静かにコーヒーをのんでいたわけで、またまた目疲れも、ふっ飛んでしまった。

草森紳一

めぐりあわせというものがあるのか、アメリカを旅行中、ニューヨークでもロスアンゼルスでもワシントンでも、シカゴでもアリゾナでも、美人にひとりとして逢わなかった。出逢ったところで、どうということはないのだが、旅の仲間も「アメリカにはブスしかいないのかな」とぼやいていたから、私だけの好みのせいではないらしい。ところがピッツ・バーグへやって来ると、街を歩いているだけで目の応接にいとまがないほど、そこは美人の洪水だったのである。そして、美人に目疲れして一休みにはいった店に、その日随一の美人がひとり静かにコーヒーをのんでいたわけで、またまた目疲れも、ふっ飛んでしまった。

「ピッツ・バーグの美人――本場「アメリカン・コーヒー」の分量」

→

言いたかったのは、ボーデ博物館内にあるカフェが、あまりにも魅力的だったことである。二階の回廊の端に、そのカフェはあった。ゆったりとして静かで、清澄で、そしてちょっとロック・バンドのグルーピーふうのやんちゃな格好の女の子がウエイトレスをしているところも面白かった。一人の女学生風の少女が、カフェの片隅で文庫本を読んでいる。グリーンのカーディガンの色が博物館の雰囲気にやわらかい華をそえていて、月並みだが泰西名画を見るような風情あるカフェだった。博物館にこんなカフェがあるというのが凄い。

五木寛之

言いたかったのは、ボーデ博物館内にあるカフェが、あまりにも魅力的だったことである。二階の回廊の端に、そのカフェはあった。ゆったりとして静かで、清澄で、そしてちょっとロック・バンドのグルーピーふうのやんちゃな格好の女の子がウエイトレスをしているところも面白かった。一人の女学生風の少女が、カフェの片隅で文庫本を読んでいる。グリーンのカーディガンの色が博物館の雰囲気にやわらかい華をそえていて、月並みだが泰西名画を見るような風情あるカフェだった。博物館にこんなカフェがあるというのが凄い。

「ボーデ博物館内にあるカフェ」

➔

チェーホフの小説『犬をつれた奥さん』では、保養地のカフェだった。たまたまそこで中年男が、小柄なブロンドの髪の女に声をかけた。白いスピッツの子犬をつれている。その犬にやさしく、おいでおいでをした。それがきっかけで妻子ある男と若い人妻との恋がはじまった。こういった話は、ほかにもどっさりあるだろう。恋愛は多くカフェで芽ばえる。保養地といった旅先の場合、なおのこと芽ばえやすい。男女をとわず、ひそかに何かを期待している。日ごろとはちがった何か、ちょっとした冒険にも似た何か。そのための舞台としてカフェは打ってつけである。

池内紀

チェーホフの小説『犬をつれた奥さん』では、保養地のカフェだった。たまたまそこで中年男が、小柄なブロンドの髪の女に声をかけた。白いスピッツの子犬をつれている。その犬にやさしく、おいでおいでをした。それがきっかけで妻子ある男と若い人妻との恋がはじまった。こういった話は、ほかにもどっさりあるだろう。恋愛は多くカフェで芽ばえる。保養地といった旅先の場合、なおのこと芽ばえやすい。男女をとわず、ひそかに何かを期待している。日ごろとはちがった何か、ちょっとした冒険にも似た何か。
そのための舞台としてカフェは打ってつけである。

「チェーホフの小説で」

ウィーンになくてはならないもの、それはもちろん音楽や歴史を積み重ねたさまざまな建造物、町を取り巻くウィーンの森の豊かな自然、オペラや音楽などだろう。しかし彼らの日常にとって、なくてはならないものはカフェだ。ウィーンのちょっとした路地を曲がってみると、ウィーンのもう一つの顔がふっとあらわれる。そこには観光客のあまり行かない小さなカフェがあったりして、時間は永遠に続くのではないかと思われるほど、ゆったりとコーヒーを飲み、談笑し、あるいはひとりで本を読んだり、手紙を書いたり、備えつけの新聞に読みふけっている人たちがいる。

河野純一

ウィーンになくてはならないもの、それはもちろん音楽や歴史を積み重ねたさまざまな建造物、町を取り巻くウィーンの森の豊かな自然、オペラや音楽などだろう。
しかし彼らの日常にとって、なくてはならないものはカフェだ。ウィーンのちょっとした路地を曲がってみると、ウィーンのもう一つの顔がふっとあらわれる。
そこには観光客のあまり行かない小さなカフェがあったりして、時間は永遠に続くのではないかと思われるほど、ゆったりとコーヒーを飲み、談笑し、あるいはひとりで本を読んだり、手紙を書いたり、備えつけの新聞に読みふけっている人たちがいる。

「たった一杯のコーヒーで」

➜

そして、ある時、発見した。「ねえ、コーヒーは、ふんぞり返って飲むといいみたい」ふんぞり返ってコーヒーをのむと、コーヒーは、上あごにいく。上にいくと甘い味、おいしい味、香りの良さを感じる力が強いのか、同じコーヒーでも、まろやかで、香り良く、おいしく感じられるのだ。それに反して、下を向いて飲むと、どうもいけない。苦い。まずい。苦いのがうまいという、“コーヒー通”の方は別として、私のような、“子供舌”には駄目なのだ。それに、やっぱり、人間て、上を向いた時の気分で、一瞬にして変わるのかもしれない。

森村桂

そして、ある時、発見した。
「ねえ、コーヒーは、ふんぞり返って飲むといいみたい」
ふんぞり返ってコーヒーをのむと、コーヒーは、上あごにいく。上にいくと甘い味、おいしい味、香りの良さを感じる力が強いのか、同じコーヒーでも、まろやかで、香り良く、おいしく感じられるのだ。
それに反して、下を向いて飲むと、どうもいけない。苦い。まずい。苦いのがうまいという、"コーヒー通"の方は別として、私のような、"子供舌"には駄目なのだ。それに、やっぱり、人間て、上を向いた時の気分で、一瞬にして変わるのかもしれない。

「ふんぞり返って飲むコーヒーの味」

常盤新平

私は珈琲だけが好きというより、喫茶店に入るのが好きなのです。いろいろな街をよく歩きますから、歩き疲れて一息つきたくなると喫茶店に入って珈琲を飲みます。

「喫茶店について」

私は珈琲だけが好きというより、喫茶店に入るのが好きなのです。いろいろな街をよく歩きますから、歩き疲れて一息つきたくなると喫茶店に入って珈琲を飲みます。

阿川佐和子

朝、どこからともなく漂ってくるあのかぐわし
さ。コーヒー屋さんの前を通りすぎるときの、
深呼吸をしたくなるような幸福感。
どんなに眠くても、あの魅力的な香りを
はなに感じたとたん、ムラムラと活力が
わいてくる。

「コーヒー・コンプレックス」

朝、どこからともなく漂ってくるあのかぐわしさ。コーヒー屋さんの前を通りすぎるときの、深呼吸をしたくなるような幸福感。どんなに眠くても、あの魅力的な香りをはなに感じたとたん、ムラムラと活力がわいてくる。

伊藤博

江戸時代の人々にとって、コーヒー
は外国そのものであった。
あの茶色い飲みものに初めは
びっくり仰天する。貪欲にコーヒー
を受入れ、現在のコーヒー文化の
基礎を作ったのである。

「江戸のコーヒーてんやわんや」

江戸時代の人々にとって、コーヒーは外国そのものであった。あの茶色い飲みものに初めはびっくり仰天する。貪欲にコーヒーを受入れ、現在のコーヒー文化の基礎を作ったのである。

B.A.ワインバーグ&
ボニー・K.ビーラー

カフェインのどんな力がこれほど広範な影響を人類の歴史に及ぼすことを可能にしたのだろう。一つはカフェインが「酔」をもたらす物質であることがあげられる。フロイトが「文化への不満-1930」で述べているように、まず幻想の喜び、つぎに美の喜び、それから達成できないものの代用からくる喜び、そして化学的にもたらされる「酔」の喜びである。

「エピローグ　未来に乾杯!」

カフェインのどんな力がこれほど広範な影響を人類の歴史に及ぼすことを可能にしたのだろう。一つはカフェインが「酔」をもたらす物質であることがあげられる。フロイトが「文化への不満―1930」で述べているように、まず幻想の喜び、つぎに美の喜び、それから達成できないものの代用からくる喜び、そして化学的にもたらされる「酔」の喜びである。

福岡伸一

整理整頓した机はほどなく書類の山と化し、淹れたてのコーヒーはすぐにさめる。熱烈な恋愛もしかり。なぜか。すべては秩序ある状態から無秩序な状態へ流れるという定め、すなわちエントロピー増大の法則がこの宇宙を支配しているからである。そして私たちは、そこに時の移ろいを感じる。

「宇宙を織りなすもの」

整理整頓した机はほどなく書類の山と化し、淹れたてのコーヒーはすぐにさめる。熱烈な恋愛もしかり。なぜか。すべては秩序ある状態から無秩序な状態へ流れるという定め、すなわちエントロピー増大の法則がこの宇宙を支配しているからである。そして私たちは、そこに時の移ろいを感じる。

太田光

あと、喫茶店は絶対、必要だね。本買ったあとに喫茶店入って、読みながらコーヒー飲むというのが、本当に幸せだった。座り心地の良いソファがあって、ずーっといられるような喫茶店だ。

「1冊から広がっていく世界」

あと、喫茶店は絶対、必要だね。本買ったあとに喫茶店入って、読みながらコーヒー飲むというのが、本当に幸せだった。座り心地の良いソファがあって、ずーっといられるような喫茶店だ。

珈琲とカフェ文化の歴史

	珈琲、カフェ文化の変遷	そのほかの歴史
10–11世紀	コーヒーがエチオピアからアラビア半島へ伝えられ、バン／バンカムと呼ばれた	
1000頃	アラビアの名医がコーヒの液汁を医療に用い、記録に残す	
1300	アラビアを中心にしたイスラム教の寺院で、生豆を煮出して、秘薬として利用するようになる	
1470–1500	コーヒー飲用がメッカとメディナに広まる	1492 コロンブスがアメリカ大陸を発見
1510	カイロにコーヒー伝わる	
1517	オスマン・トルコのセリム１世によりコンスタンチノープル（現イスタンブール）にコーヒーがもたらされる	1519 マゼラン、世界一周へ出発
1554	コンスタンチノープルに世界最初のコーヒー店「カフェ・カーネス」開店	1543 コペルニクスが「地動説」を発表
1592	プロスペロ・アルピーニが『エジプトの植物』でコーヒーの木と飲み物のコーヒーについての解説をし、初めて印刷物に登場	
1601	コーヒーという言葉が、W・パーリー『シャーリー旅行記』でcoffe（コッフェ）と現代英語に近い形で登場	
1615	ヴェネチアにコーヒー伝わる	
1625	コーヒーに甘味をつけるための砂糖が初めてカイロで使われる	
1640	オランダの貿易商がヨーロッパに初めてコーヒーを輸入する	1639 鎖国令

●参考文献：
『コーヒー博物誌』（伊藤博、八坂書房、2001年）、UCC上島珈琲公式ホームページ、
『東京カフェを旅する――街と時間をめぐる57の散歩』（川口葉子、平凡社、2010年）

珈琲、カフェ文化の変遷		そのほかの歴史
1640頃	オランダ人が長崎出島に設立されたオランダ商館で初めて一部の日本人にコーヒーを供する	
1644	マルセイユにコーヒー伝わる	
1645	ヴェネチアに最初のコーヒー店開店	
1650	ウィーンにコーヒー伝わる	
1652	パスカ・ロゼーがロンドン最初のコーヒーハウス開店	
1660頃	中国駐在オランダ人大使ニューホッフが、茶にミルクを入れる風習を見習い、コーヒーに初めてミルクを入れる	
1668	北アメリカにコーヒー伝わる	
1669	フランス上流社会にコーヒー伝わる	
1670	ドイツにコーヒー伝わる	
1683	コルシツキーがウィーンにコーヒーハウスを開店	
1686	パリに最初のカフェ「カフェ・プロコプ」開店	1687 ニュートン「万有引力の法則」を確立
1699	オランダがジャワでコーヒー栽培に成功	
1720	ヴェネチアに現存最古のカフェ「カフェ・フローリアン」開店	
1732	バッハ「コーヒー・カンタータ」、ライプチッヒで初上演	

珈琲、カフェ文化の変遷		そのほかの歴史
1760	ローマに「アンチコ・カフェ・グレコ」開店	
1763	フランスでドリップ式のコーヒーポットが発明される	
1773	ボストン茶会事件、紅茶に代わりコーヒーがアメリカの飲料となる	
1776	ツンベルグ『日本紀行』に「二、三の通詞が珈琲の味を知るのみである」と、一部の日本人がコーヒーを飲んだ事実が記された	
1782	日本で初めてのコーヒーに関する文献、蘭学者志筑忠雄の訳書『萬国管窺』が出る	
1795	廣川獬『長崎聞見録』に「かうひい」の平仮名文字と効能が書かれた	
1826	シーボルト『薬品応手録』で日本にコーヒー飲用の効能を解説	
1840	イギリスで真空式抽出器具（サイフォンの原型）が発明される	
19世紀後半	欧米諸国でコーヒーの焙煎機や抽出器の考案が盛んになる	
1856	商品としてのコーヒーがオランダより入荷	**1853** ペリー来航
1858	正式なコーヒー輸入が開始	
1869	日本最古のコーヒー広告「生珈琲並焼珈琲」（エドワルズ。世界最古の広告・イギリスに後れること約200年）	**1868** 明治維新

珈琲、カフェ文化の変遷		そのほかの歴史
1875	日本人による初のコーヒー販売広告（泉水新兵衛）	
1888	下谷西黒門町に「可否茶館」開店	
1890	浅草六区に「ダイヤモンド珈琲店」開店	
1907	インスタント・コーヒーがアメリカで軍事用品として製造され、第二次世界大戦後、一般に普及する	**1905** アインシュタインが「相対性理論」を発表
1911	銀座に日本初のカフェーとされる「カフェー・プランタン」開店	
1913	銀座にブラジルコーヒーの店「カフェーパウリスタ」開店	
1920年代	モボ・モガが流行、喫茶店ブーム	
1920	横浜でコーヒー商「木村商店」（現・キーコーヒー）創業	**1925** ラジオ放送開始
1930	東京の喫茶店7000に達する	
1933	神戸で上島忠雄商店（現・UCC）創業	**1945** 終戦
戦後–	コーヒーの大量生産・大量消費時代〈ファーストウェーブ〉到来	
1948	銀座に「カフェ・ド・ランブル」開店	
1950年代後半	純喫茶・歌声喫茶・名曲喫茶が流行	
1955	神田に「さぼうる」開店	**1953** テレビ放送開始

年	珈琲、カフェ文化の変遷	そのほかの歴史
1960年代	ジャズ喫茶の隆盛	
1960	コーヒー生豆の輸入自由化	
1961	インスタント・コーヒー輸入自由化（インスタント・コーヒーブーム到来)、「コーヒー・ルンバ」がヒット	
1964	日本橋に「喫茶室ルノアール」開店	**1964** 東京オリンピック
1968	名古屋に「コメダ珈琲店」開店	
1969	UCCが世界で初めてのミルク入り缶コーヒーを発売	
1970年代	喫茶店全盛期	
1971	シアトルで「スターバックスコーヒー」創業	
1972	「学生街の喫茶店」大ヒット	
1980年代-	豆や道具にこだわったコーヒーの品質重視時代〈セカンドウェーブ〉到来、カフェバーの流行、コーヒーチェーン増加、喫茶店受難の時代	
1980	原宿に「ドトールコーヒーショップ」開店	
1986	世界的にコーヒー相場急騰	
1989	渋谷にフレンチカフェ「ドゥ マゴ パリ」開店	
1990年代-	豆の産地（国名、農園名、品種のこと）を重視し、ハンドドリップで一杯ずつ丁寧に淹れる時代〈サードウェーブ〉到来	**1991** バブル崩壊

年	珈琲、カフェ文化の変遷	そのほかの歴史
1995-	フレンチスタイルのオープン・カフェ黄金時代	
1995	原宿に「オー・バカナル」開店	
1996-	シアトル系コーヒーチェーンの急増	
1996	銀座に国内初の「スターバックスコーヒー」開店	
2000-	東京カフェの大流行が始まる	
2002-	和カフェの流行が本格化	
2006-	パンケーキ、ドーナツなどスイーツカフェの増加	
2007-	ベーカリーカフェ、自家焙煎カフェの増加	
2008	コーヒー豆国際相場の高騰	
2015	清澄白河に国内初の「ブルーボトルコーヒー」開店	

登場人物プロフィール（掲載順）

●レオンハルト・ラウヴォルフ
1535-1596年。ドイツの医師、植物学者。薬用植物採集のため、1573-1575年の約２年半をかけて東方諸国をまわり、旅の記録『東方への旅』を執筆・出版した。

●ロバート・バートン
1577-1640年。イギリスの神学者。古今東西の憂鬱に関する記述が綴られた『憂鬱の解剖』は“憂鬱の百科全書”とも呼ばれた奇書。

●フィリップ・スタッブズ
1665-1738年。イギリスの聖職者、王立天文協会員。調和こそ美の本質であると主張し、プラトン風様式で『美についての対話』を著した。

●ウィリアム・ハーヴェイ
1578-1657年。イギリスの医師、解剖学者。カフェインを飲用した最初のヨーロッパ人のひとりで、血液の循環を発見した17世紀最大の医学研究者。

●シャルル・ド・モンテスキュー
1689-1755年。フランスの哲学者。本名シャルル＝ルイ・ド・スコンダ。『ペルシア人の手紙』『法の精神』などを著し、三権分立論を提唱した。

●マーク・ヘルプリン
1947年-。アメリカの小説家、ジャーナリスト。短篇集『Ellis Island and Other Stories』（1981年）で全米ユダヤ文学賞受賞。著書に『ウィンターズ・テイル』『白鳥湖』ほか多数。

●ジョナサン・スウィフト
1667-1745年。アイルランドの風刺作家、随筆家、司祭。『ガリヴァー旅行記』『書物合戦』ほか多数。

●エドマンド・ウォラー
1606-1687年。イギリスの詩人。引用した詩はウォラーがブラガンサのキャサリン（1638-1705年）に捧げた詩として、イギリス人旅行家のジョン・オヴィントンの著書で紹介された。主な作品に「Go, lovely Rose」「Song」など多数。

●ヴォルテール
1694-1778年。フランスの哲学者。啓蒙主義の代表的人物のひとりで、『哲学書簡』『寛容論』など著書多数。無類のコーヒー好きとして知られた。

●ベンジャミン・モズリー
1742-1819年。医学博士。同書でコーヒーの起源と健康効果について当時の見解を論じた。

●ルートヴィヒ・ヴァン・ベートーヴェン
1770-1827年。ドイツの作曲家。交響曲「運命」、ピアノソナタ「月光」など数多くの代表作がある。コーヒーを飲む時は、コーヒー豆60粒を自ら数えて淹れたと言われる。

●アイザック・ディズレーリ
1766-1848年。イギリスの作家、政治家ベンジャミン・ディズレーリの父。著書に『チャールズ一世の生涯』など多数。引用した言葉は、1669年パリのオスマン帝国大使邸でコーヒーが飲まれた当時の様子を記述したもの。

●小林章夫（こばやし・あきお）
1949年-。上智大学教授、文学博士。1994年に設立された日本コーヒー文化学会の会長として、コーヒー文化普及のための多彩な活動を続ける。『コーヒー・ハウス』『イギリス紳士のユーモア』などイギリス文化を中心とした著作も数多く手がける。

●カール・マルクス
1818-1883年。ドイツの思想家、経済学者。科学的社会主義（いわゆるマルクス主義）の思想のもと、主著『資本論』などで資本主義社会の研究を展開し、後世に多大な影響を与えた。

●オノレ・ド・バルザック
1799-1850年。フランスの小説家。代表作『人間喜劇』はじめ、『ゴリオ爺さん』『谷間の百合』など旺盛な執筆活動で知られる。いわゆるカフェイン中毒で、コーヒーを大量に飲んだ後、夜間に長時間執筆するというスタイルで数々の名作を著した。

●R.K.ビーチャム
1838-1920年。南北戦争の軍人、小説家。『Adventures of an Iron Brigade Man』ほか。

●ジュール・ミシュレ
1798-1874年。フランスの歴史家、詩人。歴史の中の民衆を描き、後世へ大きな影響を与えた。『博物誌』シリーズ、『魔女』『フランス史』など著書多数。

●ジョン・ビリングズ
1842-1933年。南北戦争でマサチューセッツ州の砲兵として活動した。著書『乾パンとコーヒー』では、軍人たちの何気ない日常の出来事が綴られ、当時の軍人たちの生活が垣間見られる。

●渋沢栄一（しぶさわ・えいいち）
1840-1931年。官僚、実業家。27歳で渡欧し、コーヒーの飲用をいち早く日本に持ち込んだ。第一国立銀行総監役（頭取）となり、日本産業基盤の整備、教育、慈善事業に力を注ぎ、“日本資本主義の父”と呼ばれる。また世界遺産・富岡製糸場建設の立役者としても知られる。

●夏目漱石（なつめ・そうせき）
1867-1916年。小説家、英文学者。『こころ』『吾輩は猫である』など数多くの名作を残した。日記からは、田村俊子や小宮豊隆など門下生の名前が記され、彼らが銀座のカフェー・プランタンに創業（1911年）間もなく訪れたことが分かる。

●川路柳虹（かわじ・りゅうこう）
1888-1959年。詩人、美術評論家。『路傍の花』『曙の声』などの詩集を編む一方、1927年パリへの外遊後は『マチス以後』など美術評論の著書も多い。

●新居格（にい・いたる）
1888-1951年。文筆家。大正から昭和にかけて活躍。パール・バックの『大地』を翻訳したことでも知られる。

●室生犀星（むろう・さいせい） 1889-1962年。詩人、小説家。『抒情小曲集』の“ふるさとは遠きにありて思ふもの／そして悲しくうたふもの”の詩句が有名。小説に『性に眼覚める頃』『杏つ子』ほか多数。

●萩原朔太郎（はぎわら・さくたろう）
1886-1942年。詩人。代表作『月に吠える』は口語を自在に駆使し、日本口語詩の象徴とも評される。詩集『青猫』『新しき欲情』のほか、幻想的な小説『猫町』など。

●丸山薫（まるやま・かおる） 1899-1974年。詩人。代表作に『帆・ランプ・鷗』『月渡る』など。第二次世界大戦時の疎開先で教員を務めた縁で、ゆかりの地の山形県岩根沢に『丸山薫記念館』がある。

●田中冬二（たなか・ふゆじ） 1894-1980年。詩人。旅を題材とし、日本の自然や生活に根ざした詩作で知られる。詩集に『青い夜道』。

●サミュエル・C. プレスコット
1872-1962年。食品科学者、微生物学者、マサチューセッツ工科大学教授。全米コーヒー焙煎業者協会の依頼でコーヒーの調査をした結果、コーヒーに有益な効果があることを明らかにした。

●木下杢太郎（きのした・もくたろう）
1885-1945年。医学者、詩人、劇作家、切支丹研究家。北原白秋らとともに、若い芸術家たちが集う「パンの会」を立ち上げた。大学で皮膚病の研究に務める一方、詩作から美術評論まで多彩な活動を行なった。『食後の唄』『百花譜』など。

●インク・スポッツ
1930年代から40年代にかけて人気を博したアメリカのボーカル・グループ。1954年解散。コーヒーを歌った「ジャバ・ジャイヴ」はさまざまなアーティストにカバーされ愛されてきた一曲。

●エリック・サティ
1866-1925年。フランスの作曲家。その革新的技法は現代音楽に多大な影響を与えた。「３つのジムノペディ」「ヴェクサシオン」など数々の名曲を生み出した。

●田山花袋（たやま・かたい）
1872-1930年。小説家。『蒲団』『田舎教師』など数々の自然主義小説のほか、『東京の三十年』などの優れた随筆も数多く残した。

●永井荷風（ながい・かふう）
1879-1959年。小説家。米仏に遊学後、『あめりか物語』や『ふらんす物語』などの作品を発表。代表作に『腕くらべ』『断腸亭日乗』ほか。元祖・都市散歩者として、町歩き好きの間の人気も高い。

●川本三郎(かわもと・さぶろう)
1944年-。評論家。映画や文学、都市論を中心に多彩な活動を行なう。『大正幻影』『荷風と東京』『マイ・バック・ページ』ほか著書多数。

●アーヴィング・バーリン
1888-1989年。アメリカの作曲家、作詞家。"アメリカのシューベルト"と呼ばれ、代表作に「ホワイト・クリスマス」「ゴッド・ブレス・アメリカ」ほか多数。

●宮沢賢治(みやざわ・けんじ)
1896-1933年。詩人、童話作家。詩集『春と修羅』、童話『注文の多い料理店』『どんぐりと山猫』『やまなし』、『雨ニモマケズ』『銀河鉄道の夜』など広く知られる作品を数多く残した。

●藤浦洸(ふじうら・こう)
1898-1979年。作詞家、詩人。「悲しき口笛」や「別れのブルース」など戦前・戦後を通じて多数のヒット曲を世に送り出した。現在歌われている「ラジオ体操の歌」を作詞したことでも有名。

●斎藤茂吉(さいとう・もきち)
1882-1953年。歌人、精神科医。第一歌集『赤光』で文壇に衝撃を与えた。『あらたま』をはじめ多数の名作がある。

●寺田寅彦(てらだ・とらひこ)
1878-1935年。物理学者、随筆家、俳人。自然科学者でありながら、さまざまな分野に造詣が深く、科学と芸術の調和を求めたエッセイも執筆した。代表作に『万華鏡』『柿の種』など。

●吉井勇(よしい・いさむ)
1886-1960年。歌人、劇作家。『酒ほがひ』以後も『祇園歌集』をはじめ数々の作品を残した。市井の人々を舞台とする『俳諧亭句楽の死』は近代戯曲史上に残る名作とされる。

●マーガレット・ミッチェル
1900-1949年。アメリカの小説家。1936年に刊行された『風と共に去りぬ』はアメリカ・ジョージア州を舞台に、南北戦争下の白人女性スカーレット・オハラの半生を壮大に描いた作品で、世界中で愛読されている。

●高村光太郎(たかむら・こうたろう)
1883-1956年。詩人、彫刻家。彫刻修業のため欧米に留学後、詩作を始める。詩集『道程』『智恵子抄』などの名作や、「手」「裸婦坐像」など数々の彫刻作品を残した。

●T.S.エリオット
1888-1965年。20世紀モダニズムを代表するイギリスの詩人、劇作家、文芸批評家。代表作に『荒地』『四つの四重奏』『寺院の殺人』など。

●広津和郎(ひろつ・かずお)
1891-1968年。小説家、文芸評論家、翻訳家。『松川裁判』『年月のあしおと』ほか。小説『女給』では銀座のカフェを舞台に、当時の女給と客の様子が描かれている。

●獅子文六(しし・ぶんろく)
1893-1969年。劇作家、小説家。パリで近代演劇を学んだ後、『悦ちゃん』『海軍』『てんやわんや』など数多くの作品を発表。フランス仕込みのユーモアとエスプリで時代風俗を描き、独特の作風で才筆ぶりを見せた。

●山上路夫(やまがみ・みちお)
1936年-。作詞家。1960年代後半から1970年代にかけて数多くのヒット曲を手がけた。「学生街の喫茶店」は日本のフォークロックグループ「GARO(ガロ)」が1972年に発表し、たちまちミリオンセラーを記録した。

●ジーン・マーティン
ニューヨークのマンハッタンにナッツの売店「チョック・フル・オ・ナッツ」(「ぎっしり詰まったナッツ」の意)を開店したウィリアム・ブラックの妻。ニューヨーク一帯に流されるラジオ広告で店のコマーシャルソングを歌い、発売1年後の1954年に缶入りコーヒーの売上げがニューヨーク市で3位となった。

●ジャック・プレヴェール
1900-1977年。フランスの詩人、映画作家、童話作家。映画『天井桟敷の人々』『ノートルダムのせむし男』などのほか、童話『小さなライオン』やシャンソンの歌詞など幅広く手がけた。

●黒田三郎（くろだ・さぶろう）
1919-1980年。詩人。詩誌「荒地」に参加。結核の闘病を続けながら、長女ユリとの生活を綴った詩集『小さなユリと』はじめ、『ひとりの女に』『失はれた墓碑銘』ほか。

●内田百閒（うちだ・ひゃっけん）
1889-1971年。小説家、随筆家。夏目漱石の弟子として知られ、独特のユーモアに富んだ作風が魅力。『冥途』『百鬼園随筆』『阿房列車』ほか。酒、煙草、鉄道、猫などを愛し、それぞれについての多くの著作も残した。

●梅田晴夫（うめだ・はるお）
1920-1980年。フランス文学者、劇作家。舞台劇やラジオ・テレビドラマの脚本執筆でも活躍。『風のない夜』『五月の花』など著書多数。クラシック万年筆やパイプの収集家としても知られ、時計、カメラ、洋酒、煙草など関心を寄せた物についての著作も多岐にわたる。

●エズラ・パウンド
1885-1972年。20世紀のモダニズム運動を代表するアメリカの詩人、音楽家、批評家。第二次大戦中のムッソリーニ賛美、反ユダヤ主義活動により祖国から反逆罪に問われるなど。主な詩集に『キャントーズ』ほか。

●ジョウエル、デイヴィッド、カール・シャピラ
ジョウエルは、ニューヨークのグリニッチ・ヴィレッジのコーヒー販売店「フレーヴァー・カップ」を経営する一家。1840年創業の老舗「ギリーズ・コーヒー社」の経営者デイヴィッド・シャーンホルトの友人でもあり、祖父が開店した「フレーヴァー・カップ」を、父デイヴィッド・シャピラ、弟カール・シャピラとともに引き継いだ。

●吉田健一（よしだ・けんいち）
1912-1977年。英文学者、翻訳家、評論家、小説家。父・吉田茂に同行し、少年期をヨーロッパで過ごした。『英国の文学』『シェイクスピア』のほか、多数の翻訳作品がある。食通でも知られ、『私の食物誌』ではロンドンにあるカフェ・ローヤルの話が綴られている。

●河野純一（こうの・じゅんいち）
1947年-。東京外国語大学大学院修了。87年から89年にはオーストリアはウィーンにてウィーン大学客員教授として滞在。その後、横浜市立大学でドイツ語ドイツ文学の教授として教鞭を取り、2013年同大学を退職。『ウィーンのドイツ語』『ウィーン音楽の四季』などウィーン関連の著書多数。

●柏原兵三（かしわばら・ひょうぞう）
1933-1972年。小説家、ドイツ文学者。63年から65年にかけてベルリンへ留学。1968年『徳山道助の帰郷』で芥川賞を受賞。

●清岡卓行（きよおか・たかゆき）
1922-2006年。詩人、小説家。大連生まれ。1970年『アカシヤの大連』で芥川賞を受賞。『詩礼伝家』『マロニエの花が言った』など著書多数。

●安岡章太郎（やすおか・しょうたろう）
1920-2013年。小説家。1953年「悪い仲間」「陰気な愉しみ」で芥川賞を受賞。吉行淳之介、遠藤周作らと共に「第三の新人」と呼ばれた。代表作に『海辺の光景』『流離譚』『僕の昭和史』ほか。

●大原富枝（おおはら・とみえ）
1912-2000年。小説家。『婉という女』『建礼門院右京大夫』ほか多数。故郷・高知県本山町に大原富枝文学館がある。

●宮﨑康平（みやざき・こうへい）
1917-1980年。古代史研究家、島原鉄道重役。実業のかたわら古代史への情熱から邪馬台国研究を開始。失明しながら執筆された『まぼろしの邪馬台国』は邪馬台国論争を巻き起こした。

●尾崎一雄（おざき・かずお）
1899-1983年。小説家。戦後を代表する私小説作家。1933年『暢気眼鏡』で芥川賞を受賞。代表作に『虫のいろいろ』『芳兵衛物語』『まぼろしの記』ほか。

●小林七郎（こばやし・しちろう）
1915-2010年。経済評論家。天津華北新報記者・副社長を経て、戦後、日本経済復興協会にて50年以上にわたり理事を務めた。1994年から2000年にかけて日本経済協会第4代理事長として就任。中学1年生頃からコーヒーを愛飲し、1988年『コーヒー専科』を上梓。

●耕八路（こう・はちろ）
1915-1989年。コーヒー店店主。本名・井野耕八郎。戦後、東京から帰郷し福岡にコーヒー店を開いた。生涯をかけて低温抽出法を研究し続け、“最初にして最後のコーヒー職人”と言われた。ペンネーム・耕八路の名で、1973年『珈琲と私』、1987年『究極のコーヒー――低温抽出法珈琲』の著書を刊行。

●清水徹（しみず・とおる）
1931年-。フランス文学者、明治学院大学名誉教授。マラルメ、ヴァレリーの研究を中心に、カミュやビュトールの研究も展開する。著書に『書物について』『書物としての都市　都市としての書物』のほか、『時間割』『シーシュポスの神話』等の翻訳多数。

●蜷川幸雄（にながわ・ゆきお）
1935年-。演出家。1969年「真情あふるる軽薄さ」で演出家デビュー。日本を代表する演出家として国内外の現代劇から近松門左衛門、シェイクスピア、ギリシャ悲劇まで幅広い作品を世に送り出している。

●井坂洋子（いさか・ようこ）
1949年-。詩人。『朝礼』で80年代の女性詩ブームの火付け役的存在となる。代表作に『愛の発生』『バイオリン族』ほか。近著に『詩はあなたの隣にいる』『黒猫のひたい』ほか多数。

●保坂和志（ほさか・かずし）
1956年-。小説家。1990年『プレーンソング』でデビュー。『草の上の朝食』『この人の閾』『季節の記憶』『未明の闘争』など著書多数。「ヒサの旋律の鳴りわたる」はデビュー前の作品として、自身のHP内で発表されたメディア未発表作品。

●臼井隆一郎（うすい・りゅういちろう）
1946年-。ドイツ文学者、東京大学名誉教授。『コーヒーが廻り世界史が廻る――近代市民社会の黒い血液』など著書多数。近著に『『苦海浄土』論――同態復讐法の彼方』ほか。

●ボブ・ディラン
1941年-。アメリカのミュージシャン。グリニッチ・ヴィレッジでフォーク・ソングやブルースを歌い注目を集めるようになり1962年デビュー。以来、世界中の人々に強い影響を与え続けるカリスマ的存在となった。代表作に「風に吹かれて」「時代は変る」「ライク・ア・ローリング・ストーン」ほか多数。

●山口瞳（やまぐち・ひとみ）
1926-1995年。小説家、エッセイスト。1963年『江分利満氏の優雅な生活』で直木賞を受賞。1963年から31年間にわたり連載を続けたコラム「男性自身」シリーズのほか、『血族』『家族』など著書多数。独特のグルメ・エッセイは現在でも人気が高い。

●高島君子（たかしま・きみこ）
1916-2005年。元・木村コーヒー（現・キーコーヒー）取締役。1934年から60年以上コーヒー業界を歩んできた、コーヒーのスペシャリスト。著書に『コツがわかるコーヒー教室』『世界のコーヒー専科』『高島君子のコーヒー春秋』ほか。

●小松左京（こまつ・さきょう）
1931-2011年。小説家。日本を代表するSF作家。星新一、筒井康隆とともに日本SF界の御三家と呼ばれる。代表作に『日本沈没』『首都消失』ほか多数。

●筒井康隆（つつい・やすたか）
1934年-。小説家、劇作家、俳優。ナンセンスからSF、前衛まで多彩なジャンルを開拓。代表作に『東海道戦争』『時をかける少女』『虚人たち』『わたしのグランパ』『モナドの領域』ほか多数。

●清水哲男（しみず・てつお）
1938年-。詩人。「コオヒイの湯気のむこうがわにいて／胸のかたちを整え／少し血のにじんだ頬を／朝の光にたたかせて／ああ／じっと喝采に聞きいっている」とは1963年に発表した詩集『喝采』の一節。著書に『東京』『夕陽に赤い帆』ほか。

●草森紳一（くさもり・しんいち）
1938-2008年。評論家、中国文学者。サブカルチャー全般への該博は知識を駆使し、写真、音楽、マンガ、中国文学と多彩な批評活動を展開した。著書に『マンガ考』『江戸のデザイン』ほか。

●五木寛之（いつき・ひろゆき）
1932年-。小説家。1967年『蒼ざめた馬を見よ』で直木賞受賞。代表作に『青年は荒野をめざす』『青春の門』『親鸞』などベストセラー多数、ほかにも作詞など幅広い活躍を続ける。

●池内紀（いけうち・おさむ）
1940年-。ドイツ文学者、エッセイスト。随筆、評論、小説のほか、ゲーテやカフカはじめ数多くの翻訳を手がける。『恩地孝四郎——一つの伝記』で読売文学賞評論・伝記賞を受賞。近著に『ニッポン周遊記』『戦争よりも本がいい』ほか多数。

●森村桂（もりむら・かつら）
1940-2004年。小説家。ニューカレドニアを一人で旅した体験を元に書いた旅行記『天国にいちばん近い島』が多くの若者に支持され、1984年映画化。『ほらふきココラテの冒険』『魔法使いとお菓子たち』などメルヘン仕立ての作品も多数。

●常盤新平（ときわ・しんぺい）
1931-2013年。小説家、翻訳家、アメリカ文化研究者。1986年自伝的小説『遠いアメリカ』で直木賞受賞。『キミと歩くマンハッタン』『銀座旅日記』など著書多数。

●阿川佐和子（あがわ・さわこ）
1953年-。エッセイスト、タレント。軽妙な語り口が魅力のエッセイだけでなく、小説作品も多数執筆。代表作に『ウメ子』『スープ・オペラ』『婚約のあとで』『聞く力——心をひらく35のヒント』など。テレビや映画での多方面で活躍を続けている。

●伊藤博（いとう・ひろし）
1930-2004年。コーヒーアドバイザー、コーヒー文化学会（JCS）副会長。中学、高校で教鞭を執るかたわら、約40年間にわたりコーヒーを科学的視点から研究した。著書に『コーヒー小辞典』『珈琲探求』『珈琲を科学する』など、生涯をかけてコーヒーの普及に努め、コーヒーを愛した。

●ベネット・アラン・ワインバーグ
アメリカのサイエンスライター。1986年マーケティング・コンサルタント会社を設立し、医療問題を中心に活発な執筆活動を続けている。共著に『カフェイン大全』。

●ボニー・K.ビーラー
アメリカのライターで、得意分野は心理学・人類学。金融関係のソフトウェア開発に携わるシステム技術者。共著に『カフェイン大全』。

●福岡伸一（ふくおか・しんいち）
1959年-。生物学者、青山学院大学教授。『生物と無生物のあいだ』でサントリー学芸賞受賞。著書に『プリオン説はほんとうか？』『動的平衡』『遺伝子はダメなあなたを愛してる』など多数。近著に『芸術と科学のあいだ』ほか。

●太田光（おおた・ひかり）
1965年-。漫才師。漫才コンビ「爆笑問題」としての枠を超えて、テレビ・ラジオをはじめさまざまな媒体で幅広く活躍する。著書に『ヒレハレ草』『文明の子』など多数。共著『憲法九条を世界遺産に』ほか歯に衣着せぬ小気味良い語り口で人気を集める。

引用・参考文献リスト

『コーヒーの歴史』(マーク・ペンダーグラスト著、樋口幸子訳、河出書房新社、2002年)
▶P. 8、15、34、35、38-39、45、48、49、60、81、89

『カフェイン大全─コーヒー・茶・チョコレートの歴史からダイエット・ドーピング・依存症の現状まで』(B. A. ワインバーグ&B. K. ビーラー著、別宮貞徳監訳、八坂書房、2006年)
▶P. 9、10、13、14、16、17、20-21、22、23、24-25、32-33、147

『楽園・味覚・理性─嗜好品の歴史』(W. シヴェルブシュ著、福本義憲訳、法政大学出版局、1988年)
▶P. 11、36-37

『コーヒーが廻り世界史が廻る─近代市民社会の黒い血液』(臼井隆一郎、中公新書、1992年)
▶P. 12、28-29、120-121

『カフェの文化史』(スティーヴ・ブラッドショー著、海野弘訳、三省堂、1984年)
▶P. 18-19

『コーヒー・ハウス─18世紀ロンドン、都市の生活史』(講談社学術文庫、2000年)
▶P. 26-27

『渋沢栄一滞仏日記(日本史籍協会叢書 第126)』(東京大学出版会、1967年)
▶P. 40

『漱石全集 第20巻 日記・断片・下』(夏目金之助、岩波書店、1996年)
▶P. 41

『曙の声』(玄文社、1921年)
▶P. 42-43

『コーヒー博物誌』(伊藤博、八坂書房、2001年)
▶P. 44

『食後の唄』(日本図書センター、2004年)
▶P. 46-47

『卵のように軽やかに─サティによるサティ』(秋山邦晴・岩佐鉄男訳、ちくま学芸文庫、2014年)
▶P. 52-53

『定本花袋全集 第十五巻』(臨川書店、1994年)
▶P. 54-55

『荷風と私の銀座百年』(永井永光、白水社、2008年)
▶P. 56-57

『荷風と東京─『断腸亭日乗』私註』(都市出版、1996年)
▶P. 58-59

『新 校本 宮沢賢治全集 第十三巻上 覚書・手帳』(筑摩書房、1997年)
▶P. 61

『一杯のコーヒーから』(作曲・服部良一、作詞・藤浦洸)
日本音楽著作権協会(出)許諾第1513991-501号
▶P. 62

『斎藤茂吉全集 第五巻』(岩波書店、1973年)
▶P. 63

『寺田寅彦全集 第七巻』(岩波書店、1961年)
▶P. 64-65

『萩原朔太郎全集 第十巻』(筑摩書房、1975年)
▶P. 66-67

『現代短歌全集 第二巻』(筑摩書房、2001年)
▶P. 68

『風と共に去りぬ』2巻(大久保康雄・竹内道之助訳、新潮文庫、1977年)
▶P. 69

『高村光太郎全集 第九巻』(筑摩書房、1957年)
▶P. 70-71

『世界詩人全集 第16 エリオット詩集』(西脇順三郎・上田保訳、新潮社、1968年)
▶P. 72-73

『広津和郎全集 第十三巻』(中央公論社、1974年)
▶P. 74-75

『獅子文六全集 第十五巻』(朝日新聞社、1968年)
▶P. 78-79

『学生街の喫茶店』(作曲・すぎやまこういち、作詞・山上路夫)
日本音楽著作権協会(出)許諾第1513991-501号
▶P. 80

『フランス詩の散歩道』(安藤元雄訳、白水社、1996年)
▶P. 82

『黒田三郎詩集』（思潮社、1968年）
▶P. 83

『新輯 内田百閒全集 第十巻』（福武書店、1987年）
▶P. 84-85

『粋な男への招待状』（実業之日本社、1971年）
▶P. 86-87

『パウンド詩集』（城戸朱理訳編、思潮社、1998年）
「喫茶店」沢崎順之助訳
▶P. 88

『吉田健一著作集 第四巻』（集英社、1979年）
▶P. 90-91

『ハプスブルク三都物語─ウィーン、プラハ、ブダペスト』（中公新書、2009年）
▶P. 92-93、114-115、140-141

『柏原兵三作品集 第七巻』（潮出版社、1974年）
▶P. 94-95

『詩礼伝家』（講談社文芸文庫、1993年）
▶P. 96

『僕の東京地図』（文化出版局、1985年）
▶P. 97

『大原富枝全集 第六巻』（小沢書店、1996年）
▶P. 98-99

雑誌「月刊現代」（講談社、1974年8月号）
▶P. 102-103

『尾崎一雄全集 第十三巻』（筑摩書房、1984年）
▶P. 104-105

『コーヒー専科』（時事通信社、1988年）
▶P. 106-107

『究極のコーヒー』（葦書房、1987年）
▶P. 108-109

『都市物語』（共著、読売新聞社、1982年）
▶P. 110-111

雑誌「ユリイカ」（青土社、1987年4月号）
▶P. 112-113

『話は逆』（気争社、1983年）
▶P. 116-117

『ヒサの旋律の鳴りわたる』（メディア未発表）
▶P. 118-119

『Blowin' in the wind』（作曲・作詞　Bob Dylan）
日本音楽著作権協会（出）許諾第1513991-501号
▶P. 122

『余計なお世話』（新潮社、1984年）
▶P. 123

『高島君子のコーヒー春秋』（いなほ書房、1993年）
▶P. 124-125

『コーヒーという文化』（UCCコーヒー博物館編、柴田書店、1994年）
▶P. 126-127

雑誌「別冊サライ 珈琲」（小学館、2000年）
▶P. 130、145、146

『One More Cup of Coffee』（作曲・作詞　Bob Dylan）
日本音楽著作権協会（出）許諾第1513991-501号
▶P. 131

『日本の名随筆 別巻3 珈琲』（作品社、1991年）
▶P. 132-133

『旅嫌い』（マルジュ社、1982年）
▶P. 134-135

『五木寛之全紀行〈1〉バルカンの星の下に』（東京書籍、2002年）
▶P. 136-137

『異国を楽しむ』（中公新書、2007年）
▶P. 138-139

『忘れんぼのバナナケーキ』（ハーレクイン・エンタープライズ日本支社、1986年）
▶P. 142-143

『雨あがりの街』（筑摩書房、1981年）
▶P. 144

読売新聞書評コラム『空想書店』（2009年4月5日掲載）
▶P. 148

読売新聞書評コラム『空想書店』（2012年2月12日掲載）
▶P. 149

あとがき

コーヒーの生豆は炒《い》ることによって味わいが出てきます。焙煎《ばいせん》という作業です。味わいの善し悪しは一《いつ》に焙煎の手なみにかかっていると言われています。豆の“焦げ”の具合如何ンだということです。「待ち焦がれる」「恋焦がれる」のごとく、「焦《じ》れったい」ような絶妙な味わいに出会いたいものと思ってます。

今回、仮名文字混じりの日本語文章を横書文として木版摺りにしたところ、行間などにリズム感もあって誠に合性《あいしょう》のいい味わいを知りました。ここではコーヒーに関する諸先達をはじめとして、飲料を愛するもろもろの人達の足跡を、できる限り直《じか》に伝えられるような文を選びました。

本書をまとめるに際しては、コーヒー学の伊藤博先生、臼井隆一郎先生をはじめとして、諸著書から多くを学ばせていただきました。また、編集に際しての煩雑な事務手続や処理をさばいて下さった日本文藝家協会・長尾玲子氏や平凡社編集・小出真由子氏、デザイン担当の中村香織氏には心から感謝申し上げます。また、平凡社・日下部行洋氏の心からのお力添え有難く御礼申し上げます。

2016年・箕輪邦雄

箕輪邦雄 みのわ・くにお

1931年群馬県生まれ。木版画家。早稲田大学卒業、東京藝術大学修了。西武百貨店勤務の傍ら、木版画制作を続ける。作品集に『箕輪邦雄創作木版画——萩原朔太郎詩によせて』(1994年)ほか。学生時代から珈琲に関心を持ち、国内外を問わず旅先では必ずコーヒーハウスへ立ち寄る。味はもちろん、珈琲を飲みながら通行人を眺める時間が好き。萩原朔太郎の詩を彫ることがきっかけとなり、好きな「珈琲」についての古今東西の言葉を彫り始める。10年以上の歳月をかけて、100人を超える人物の言葉を彫り続け、身も心も癒されるライフワークとして、今もなお制作を続ける。

●出版にあたり、ご連絡がつかなかった著作権者の方がいらっしゃいます。
お心あたりの方は、お手数ですが編集部までご一報いただければ幸いです。

珈琲のことば 木版画で味わう90人の名言

2016年3月9日　初版第1刷発行

著者　箕輪邦雄
発行者　西田裕一
発行所　株式会社平凡社
〒101-0051
東京都千代田区神田神保町3-29
電話03-3230-6584(編集)　03-3230-6572(営業)
振替00180-0-29639
ホームページ　http://www.heibonsha.co.jp/
印刷・製本　図書印刷株式会社
デザイン　中村香織

ISBN 978-4-582-83698-1
NDC分類番号917　A5判(21.0cm)　総ページ168

Blowin' in the wind